邵士梅·编

俗语

陕西新华出版 三秦出版社

图书在版编目（ＣＩＰ）数据

俗语 / 邵士梅编 . -- 2 版 . -- 西安 : 三秦出版社，
2008.04（2024.1 重印）
（国学百部文库）
ISBN 978-7-80628-283-0

Ⅰ．①俗… Ⅱ．①邵… Ⅲ．①汉语－俗语－汇编
Ⅳ．① H136.4

中国版本图书馆 CIP 数据核字（2008）第 036260 号

书　　名	俗　语
作　　者	邵士梅 编
责　　编	贾　云
封面设计	新华智品

出版发行	三秦出版社
社　　址	西安市雁塔区曲江新区登高路 1388 号
电　　话	（029）81205236
邮政编码	710061
印　　刷	北京一鑫印务有限责任公司
开　　本	680×1020　1/16
印　　张	9
字　　数	76 千字
版　　次	2008 年 4 月第 2 版
印　　次	2024 年 1 月第 2 次印刷
标准书号	ISBN 978-7-80628-283-0

| 定　　价 | 39.80 元 |
| 网　　址 | http://www.sqcbs.cn |

前　言

　　俗语，或称俗话，是一种广泛的名称，典型的俗语是所谓谚语，它是一种在民间广泛流传的通俗的定型语句，是人民群众在生产劳动和社会生活实践中创造出来的，反映人民的生活经验和愿望，富有深刻的哲理性。它是汉语的一个重要组成部分，它不仅数量多，使用频率高，而且具有语言精练，形象生动，表意准确，说理深刻，比喻恰当等特点，因而深受人们的喜爱；它不仅在人们的口头上广泛流行，而且在各种形式的著作中被广泛引用；这说明它是一种大家喜闻乐见的表情达意方式。

　　俗语里还包括一种早先叫作"俏皮话"而现在通称"歇后语"的内容。它的灵魂是机智，却不一定有教育作用。而这机智也往往是浅薄的，用的最多的是谐音。还有两种语句跟俗语相似而又不尽相同，分得开而又不完全分得清。首先是格言，是用短小精悍的形式表示生活的经验的。可是凝聚在其中的是纯粹的智慧而不是机智，重在教诲而不在于启发。其次是成语。成语里边常常有蜜，也往往有刺，但是这些都不是成语的主要特点。成语的主要特点是形式短小，并且最好是整齐。

　　从传世的文史典籍中搜集整理的俗语，并加以必要的注释和例句，这样不仅让读者知道它的出处，又能加深对它的理解。限于水平有限，不足之处敬请读者批评、指正。

编　者

2008 年 8 月

目　录

俗

语

A

阿　斗

【释义】　三国蜀后主刘禅的小名。刘禅为人昏庸无能，碌碌无为，虽有诸葛亮等人竭力扶助，也未能匡复汉室。后用以称懦弱无能、不思振作的人。

【例句】　"等待阿斗这样的人，必然是灭亡"。

阿　Q

【释义】　鲁迅著名小说《阿Q正传》中的主人公，是"精神胜利者"的典型，受了屈辱，不敢正视，反而用自我安慰的方法，说自己是"胜利者"。后用阿Q来指具有这种精神的人。

【例句】　毛泽东《反对日本进攻的方针、办法和前途》："打小算盘，弄小智术，官僚主义，阿Q主义，实际上毫无用处。"

挨金似金，挨玉似玉

【释义】　靠近金子就像金子，靠近玉石就像玉石。比喻接近什么人，就会受到什么样的影响。

【例句】　文康《儿女英雄传》第三十七回："俗语说的：'挨金似金，挨玉似玉'，今番亲家太太的谈吐与往日大不相同了。"

挨板子

【释义】 比喻受批评或攻击。

【例句】 蒋子龙《机电局长的一天》："老账没还，又背新账，这不是找着挨板子吗？"

矮半截

【释义】 比喻与人相比不如别人，低人一等。

【例句】 谢璞《真情的人》："师傅比徒弟可能矮半截了，同志们，外地那些原先学习我们移山开田经验的地方，有的开出很大一丘的水田了。"

矮子里选将军

【释义】 比喻在不合格的人选当中，选拔较好的人。

【例句】 石玉昆《小五义》第五十三回："常言一句俗话说：'矮子里选将军。'就算他的能耐有限，但与这些打手打起来，他的本领却比打手胜强百倍。"

矮檐之下出头难

【释义】 比喻受环境局限，难以施展才能。也比喻受人控制，很难有出头日子。

【例句】 田汉《林冲》二场："师兄啊，自古道：不怕官来只怕管，矮檐之下出头难。牙根咬碎拳头软，权且饶他这一番。"

爱将如宝，视卒如草

【释义】 比喻统帅爱惜将领，轻视士卒。

【例句】 《荡寇志》九十三回："若是吕方不去，公明哥哥念弟兄之情，必来相救。今吕方已去，众位虽是他心腹体己，到底差了一层，他岂肯为我们这三五十人，兴兵动众！俗语说得好：爱将如宝，视卒如草。"

爱戴高帽子

【释义】 比喻喜欢别人恭维。

【例句】 李汝珍《镜花缘》第二十七回："老夫闻说此处最喜奉承，北边俗语叫作'爱戴高帽子'。"

爱在心里，狠在面皮

【释义】 指长辈对子孙心里慈爱，但要严格管教。

【例句】 《醉醒石》七回："教子是第一件事，盖子孙之贤否，不惟关自一生之休戚，还关祖宗之荣辱。这所系甚重，可以不用心教诲么？俗语道：爱在心里，狠在面皮。"

碍手脚

【释义】 指妨碍别人做事。

【例句】 李建彤《刘志丹》："刘志丹只盼杜康快走，免得碍手脚。"

安钉子

【释义】 比喻设置障碍或埋下隐患。

【例句】 李克《地道战》："鬼子已经在各处安上钉子——建立了据点。"

安乐窝

【释义】 宋儒邵雍隐居苏门山中，称居处为"安乐窝"。今专指舒适、安逸的生活环境。

【例句】 茅盾《子夜》："从此以后，冯云卿方知道自己一个乡下土财主在安乐窝的上海时，就远不及交游广阔的姨太太那么有法力！"

按倒葫芦瓢起来

【释义】 比喻刚解决了一个问题，又冒出一个新问题。

【例句】 阎丰乐《县委书记》："今晚一波未平，一波又起，按倒葫芦瓢起来，她看出这一切都是黄金山导演的戏。"

按牛头吃不得草

【释义】 牛自己不吃草却要硬按着它的头来吃，比喻强迫命令行不通，办不成事。

【例句】 《石点头》第十四卷："众友不知文子一诺无辞，一发不忿，毕竟按牛头吃不得草，无可奈何。"

B

八人轿也抬不出去

【释义】 比喻态度坚决，也形容固执。八人轿：也叫八抬轿，俗语中用来表示对某人某事的恭敬态度。

【例句】 曹雪芹《红楼梦》第十九回："你要果然都依了，就拿八人轿也抬不出我去了。"

八仙过海，各显神通

【释义】 八仙过海时各有一套方法。比喻充分发挥每个人的聪明才智，拿出办法或本领。八仙：古代神话传说中的八位神仙，他们是汉钟离、张果老、韩湘子、铁拐李、吕洞宾、曹国舅、蓝采和、何仙姑。

【例句】 欧阳山《前途似锦》："咱们世世代代都是各走各的路，各办各的事。这叫做'八仙过海，各显神通'。"

八九不离十

【释义】 比喻判断、猜测或估计的与实际情况差不多。

【例句】 张恨水《啼笑姻缘续集》第八回："秀姑在一边听到他们说话的口气与称呼，胸中很是了然，觉得西山自己那花球一掷，却猜了个八九不离十，于是在一旁微笑。"

拔出萝卜带出泥

【释义】 比喻事情办得不利落、不圆满，或引起别人的麻烦。

【例句】罗丹《风雨的黎明》：“张解两宅事，得论个清楚是非。不能拔出萝卜带出泥。”

拔刀相助

【释义】拔出刀来，帮助被欺侮的人。比喻遇到不平事，挺身而出，主持正义。

【例句】康进之《李逵负荆》四：“李山儿拔刀相助，老王林父子团圆。”

把送殡的埋在坟里

【释义】比喻连累好人或无辜的人。

【例句】老舍《国家至上》第一幕：“赵县长：我希望别把送殡的埋在坟里，张老师！你不怪我想给你们调停？”

白费蜡

【释义】比喻徒劳无功。

【例句】老舍《文博士》：“用英文写吧，不管好坏，总可以把他们唬住。可是他们读不明白，还不是白费蜡。”

白日做梦

【释义】不可能实现的计划或愿望，比喻痴心妄想。

【例句】顾玉璋等《东进序曲》三一：“段泽民：‘不要白日做梦了，贵军除了投降，是绝无他路可走了。’”

白手起家

【释义】空手建立家业。形容在原来没有基础或条件很差的情况下创立起一番事业。

【例句】茅盾《长春南关行》：“白手起家、遍地开花的气象，正在祖国每一角落中蓬勃发展着。”

白纸黑字

【释义】白纸上写着黑字。指证据确凿，不容否认。

【例句】《鸳鸯被》第三折：“分明那白纸上教我画着黑字儿，是怎生倒留做他家凭证。”

白日见鬼

【释义】指怪事一桩。也指遇到晦气的事。

【例句】茅盾《锻炼》九："我在镇里，他在乡下，河水犯不到井水，怎么一口咬定了是我指使，那不是白日见鬼么？"

百密总有一疏

【释义】指事情策划得再严密，也会有一时的疏忽。

【例句】《宋宫十八朝演义》第八十五回："百密总有一疏，哪里防得尽许多。"

百样米养百样人

【释义】形容人的性格、脾气和爱好各不相同。

【例句】陆地《瀑布》第三十六章："百样米养百样人，当官的也不全是如此。"

百闻不如一见

【释义】听别人说的不如自己亲眼见的真实可靠。

【例句】张恨水《啼笑因缘》："凡事百闻不如一见。无论人家说得怎样神乎其神，总要看见，才能相信。"

摆架子

【释义】指装腔作势，作威作福。

【例句】巴金《寒夜》："还是靠着媳妇当'花瓶'，一家人才能勉强地过日子，可是她仍然不自觉地常常向媳妇摆架子发脾气。"

摆龙门阵

【释义】指聊天或讲故事。

【例句】杜鹏程《保卫延安》："战士们一有空闲，就摆龙门阵。"

摆谱儿

【释义】做出体面的样子给人看。

【例句】孙犁《白洋淀纪事》："过去是给地主财东做事，现在是给咱们穷哥们服务，再不能拿架子摆谱儿。"

摆长蛇阵

【释义】 喻指排长队。

【例句】 赵树理《三里湾》二三："奇怪！ 原来准备要摆几天长蛇阵，怎么会在不够一点钟的工夫里解决了呢？"

搬石头砸自己的脚

【释义】 比喻原本想图谋别人，反而害了自己。也比喻自作自受，自食恶果。

【例句】 李晓明《平原枪声》："让他和刘中正一起彻底把杨百顺打下去，那他是绝对不干的，岂不等于自己搬石头砸自己的脚吗！"

板面孔

【释义】 谓表情严肃。比喻不客气，给人脸色看。

【例句】《扫迷帚》四回："这厮听了我言，并不转风，却反板着面孔道：'我的推算极准，从来不曾瞎说。'"

半路杀出个程咬金

【释义】 比喻突然出现意想不到的事情。

【例句】 白危《垦荒曲》："正说得好好的，谁知半路又杀出一个程咬金来，老拱大娘不愿意啦。"

帮倒忙

【释义】 不但没帮上忙，反而将事情弄得更糟。

【例句】 李六如《六十年的变迁》："只有硬着头皮，替北兵帮个倒忙。"

包打听

【释义】 旧专指巡捕房中的侦缉人员。现比喻爱打听消息或知道消息多的人。

【例句】 茅盾《蚀》："'她去干什么！'王女士很藐视地说。'去做包打听！'大家又笑起来。"

包子有肉不在褶上

【释义】 比喻事物的好坏不在外表，而在于实质。

【例句】《济公全传》第六十六回："掌柜的，你别瞧我们穿的破，包子有肉不在褶上，招好主顾，财神爷来了。"

饱汉不知饿汉饥

【释义】 比喻处境优越的人体会不到处境艰难的人的痛苦和焦急。

【例句】 老舍《残雾》："敢情你们好，一天到晚吃喝玩乐！ 人家把家都丢了，你们还这么高兴呢，真是饱汉不知饿汉饥！"

豹死留皮，人死留名

【释义】 豹死了把美丽的毛皮留给人们，人死了把好的名声留给后代。指人活一世，不能苟且偷生，要留美名于后世。

【例句】 《新五代史》："彦章武人不知书，常为俚语谓人曰：'豹死留皮，人死留名。'其于忠义，盖天性也。"

暴跳如雷

【释义】 形容非常恼怒大发脾气。

【例句】 吴敬梓《儒林外史》第五十四回："卖人参的听了，'哑巴梦见妈——说不出的苦'，急得暴跳如雷。"

抱粗腿

【释义】 指攀附权贵。

【例句】 《七侠五义》七六回："剩下些浑虫糊涂糗子，浑吃浑喝不说理，顺着马强的竿儿往上爬，一味的抱粗腿。"

背包袱

【释义】 比喻心里想不开或思想行动有顾虑。

【例句】 老舍《全家福》："过去作的错事说出来不省得背着个包袱吗？"

本地姜不辣

【释义】 比喻当地的东西往往被当地人忽视或轻视。

【例句】 陆地《瀑布》第一部第二十四章："原先我们的《中流》虽然是石印小册子，不大起眼，本地姜不辣，可在外地倒颇有点名气呢。"

本钱易寻，伙计难讨

【释义】 伙计：旧时称店员或其他雇佣劳动者。指筹集做生意的资金容易，诚实可靠的伙计却不容易找到。

【例句】 《歧路灯》六九回："俗话说，'本钱易寻，伙计难讨'。休把寻伙计看成容易事。"

笨鸭子上不了架

【释义】 比喻没本事的人永远成不了大事。

【例句】 袁静等《新儿女英雄传》二五回："小梅也愁戚戚地说：'谁说不是呀！咱们两个笨鸭子上不了架；受了一回子训，就装了一肚子小米饭，回去怎么见人哪？'"

逼上梁山

【释义】 小说《水浒传》中，林冲等人被官府所逼，上梁山起义。比喻被逼无奈，被迫做某事。

【例句】 张孟良《儿女风尘记》："被人家逼得没办法，活不下去了，不得不这样做！这叫逼上梁山！"

鼻子不是鼻子脸不是脸

【释义】 形容非常生气，脸色难看。

【例句】 梁斌《红旗谱》第一卷第十二章："老套子一看见冯贵堂，火气就上来了，鼻子不是鼻子脸不是脸，也不说什么。"

鼻子下边就是路

【释义】 比喻鼻子底下有嘴，可以打听，就能找到路。

【例句】 李准《黄河东流去》："常言说，酒好不怕巷子深。只要你东西做得好，鼻子下边就是路，谁也能找得到。"

避风头

【释义】 比喻暂时隐身躲开对自己不利的形势。

【例句】 李宝嘉《官场现形记》："我看你还是避避风头，过一阵再出来的为是。"

鞭长不及马腹

【释义】 鞭子虽然很长，但打不到马肚子。比喻力量达不到。《左传·宣公十五年》："虽鞭之长，不及马腹。"

【例句】 张贤亮《男人的风格》："鞭长不及马腹，南南成了人家的妻子，老两口想维护也维护不着了。"

变色龙

【释义】 比喻见风使舵，善于变化和伪装的人。

【例句】 梁斌《翻身纪事》："说一辈子跟着共产党走，要是漫道里变卦，那就成了变色龙了，要不得！"

冰冻三尺，非一日之寒

【释义】 比喻事情的发生都不是偶然的，是有其深刻根源的。

【例句】 王炎《汾河湾》："江河老汉哈哈一笑说：'这可是冰冻三尺，非一日之寒。这是磨炼出来的。'"

兵败如山倒

【释义】 比喻失败迅速，败局已定不可收拾。

【例句】 杜鹏程《保卫延安》第七章："真是兵败如山倒——敌人没有东西吃，士兵成群地逃散。"

兵随将令草随风

【释义】 指士兵随着将领的命令行动，就像草随风而动。

【例句】冯志《敌后武工队》四章："兵随将令草随风。人们唏哩唿噜都从房上走下来，黑鸦鸦地站了半当院。"

病从口入，祸从口出

【释义】疾病常因饮食不卫生而发生，祸患往往是说话不谨慎而造成。

【例句】程树榛《钢铁巨人》："'病从口入，祸从口出'，古今往来，多少人就吃亏在自己的嘴巴乱说，一定要'三思而后言'。"

病来如山倒，病去如抽丝

【释义】形容疾病发作得快，好得慢。

【例句】《红楼梦》第五十二回："麝月笑劝他道：'你太性急了，俗语说：'病来如山倒，病去如抽丝。'又不是老君的仙丹，哪有这么灵药？你只静养几天，自然就好了。"

拨开云雾见青天

【释义】比喻冲破黑暗，见到光明。也比喻冤屈得以昭雪。

【例句】艾芜《雾》："你看，这不是一个门路吗？真使我高兴极了。就像拨开了云雾，一下看见了一点子青天。"

不吃苦中苦，难作人上人

【释义】没有经过艰难与坎坷磨砺的人，很难出人头地。

【例句】吴因易《梨园谱》："这都因为他们比你懂事，晓得不吃苦中苦，难作人上人，你娃娃也莫图安逸，要懂事啊！"

不打不相识

【释义】 指陌生的双方经过一定的冲突与摩擦后，相互因有共同的情趣而结为朋友。

【例句】 老舍《四世同堂·惶惑》三："自从他被金三爷推翻在地上，叫了两声爸爸以后，他的心中就老打不定主意——是报仇呢，还是和金三爷成为不打不相识的朋友呢？"

不到黄河不死心

【释义】 比喻不达目的誓不罢休，也比喻人固执，不走到绝路决不回心转意。

【例句】 陈登科《风雷》："你这个东西，不到黄河不死心。那天就和你讲过千百遍，好好劳动，把地种好，你硬是不听。"

不当家不知柴米贵

【释义】 比喻主事才知道艰难，也指不做不知艰难。

【例句】 梁斌《播火记》上："他合着眼絮絮地说：'咳！不当家不知柴米贵呀，创家立业不是容易！'"

不管黑猫白猫，抓住耗子就是好猫

【释义】 指只要能达到预期的效果，方法和过程都是次要的。

【例句】《潘家堡子》第八章："俗话：不管黑猫白猫，抓住耗子就是好猫。只要他说的对集体生产有好处，我潘五成就拍起巴掌欢迎！"

不见棺材不落泪

【释义】 比喻不到最后关头决不服输和悔悟。

【例句】 李英儒《野火春风斗古城》第十七章："范大昌眼睛一瞪：'快闭住嘴，没有闲话给你说，不到西天不识佛，不见棺材不落泪，来人！叫这家伙去打打秋千。'"

不见兔子不撒鹰

【释义】 比喻不看准时机，不轻易行动。

【例句】 老舍《春华秋实》第一幕第三场："等见着报，有了信，再送去钱也不晚。咱们是不见兔子不撒鹰！"

不可同日而语

【释义】 指时过境迁，不可一概而论。比喻进步幅度较大，多表赞美。

【例句】 鲁迅《南腔北调集·上海的少女》："现在这现象并且已经见于商人和工人里面了，但这乃是人们的生活不能顺遂的结果，应该以饥民的掘食草根树皮为比例，和富户豪家以纵恣的变态是不可同日而语的。"

不怕不识货，就怕货比货

【释义】 比喻一经比较就能看出人或物的好坏优劣。

【例句】 评剧《花为媒》："张五可：'他是有眼不识金香玉！'阮妈：'不怕不识货，就怕货比货。'"

不问青红皂白

【释义】 比喻在不了解具体情况时，就主观武断地处理问题。

【例句】 周而复《上海的早晨》："说的是啊，有话好好讲。我刚从外面奔走了一天回来，没头没脑地就骂人，也不问个青红皂白，我不受这份气。"

不知天高地厚

【释义】 比喻人不知深浅，不自量力。也比喻认不清事情的严重后果。

【例句】 阎丰乐《县委书记》："这两年，肖县长一抬举他，他算不知天高地厚了，作了好多不得人心的事。"

不管三七二十一

【释义】 比喻不问是非曲直或不顾一切。

【例句】 梁斌《红旗谱》："江涛说：'不管三七二十一，咱们安杀猪锅，不图钱，不图肉，就争这口气！'"

不怕一万，只怕万一

【释义】 劝诫人做事要小心谨慎，防范意外。

【例句】 司马文森《风雨桐江》："不怕一万，只怕万一，还是小心谨慎为佳。"

不求有功，但求无过

【释义】 不要求有什么功绩，只要求没有什么过错。

【例句】 《中国现在记》："总而言之，一句话，现在的情况，我不求有功，但求无过。"

不识庐山真面目

【释义】 比喻身临其境而未领略其真正意趣。

【例句】 郭小川《万里长江横渡》:"怎能够——只见长江滚滚来,不识庐山真面目!我们恰恰要在大风大浪中清扫骗子手们死后的恶臭和生前的阴毒。"

不是省油的灯

【释义】 指某人很厉害,不好对付。

【例句】 浩然《艳阳天》:"马凤兰后边跟上来,插一句说:'是得想点办法,这个人可不是省油的灯!'"

不显山,不露水

【释义】 比喻做事沉稳不显露,不张扬。

【例句】 李英儒《野火春风斗古城》:"提防给苗太太听见呀。吵什么呢,背人的事,不显山,不露水就行呗!"

不以成败论英雄

【释义】 不应当把成功或失败作为评论英雄人物的标准。

【例句】 顾汶光等《天国恨》:"做了国君帝王,癞皮狗也会变成金毛狮子,自古没有不以成败论英雄的。"

不以规矩,不能成方圆

【释义】 比喻做事不依照规则,就很难成功。规矩:圆规和尺子,是画圆形和方形的工具。

【例句】 《朱德选集》:"要把合作社办好,还必须依靠党的领导,建立好领导机构,订立章程、条例,照章办事,'不以规矩,不能成方圆'。"

不吃鱼，口不腥

【释义】 比喻不贪图便宜，便不会招致是非。

【例句】 孔厥《新儿女英雄续传》卷二·一四章："我们不要占便宜，不吃鱼，口不腥！"

不扶自直，不镂自雕

【释义】 比喻成大器的人不用多管教。

【例句】《书·五子之歌》"峻宇雕墙"。孔传："雕，饰画。"不扶自直，不镂自雕"。

不看家中宝，单看门前草

【释义】 看看门前堆稻草的多少，就可以断定此户人家的富裕程度。

【例句】 陈登科《风雷》一部一五："他转身向场上一看，见这家门前有个大草堆，俗话说：不看家中宝，单看门前草。门前有这么大的草堆，绝不是贫雇农。"

不可全信，也不可不信

【释义】 指对于听到的话不能完全相信，也不能一点儿都不相信。

【例句】 季康《莫愁河》上六："波朗说的话，石头不可以做枕头，汉人不可以做朋友，不可全信，但也不可不信。"

不怕红脸关公，就怕抿嘴菩萨

【释义】 关公：关羽，三国时蜀汉大将，性格刚毅。比喻性格刚毅的人好对付，伪装慈善的人最难提防和对付。

【例句】 罗旋《南国烽烟》一部五："大家听到了吧，我们的对手是这样一只九尾狐，常言道：'不怕红脸关公，就怕抿嘴菩萨'，我们对付这样的敌人，可要动动脑子才行啊！"

不怕慢，全怕站

【释义】 指行动慢一些不要紧，就怕不去行动。

【例句】 刘江《太行风云》五八："这不要紧，人常说，不怕慢，全怕站，不走弯路就好办。"

不怕屋漏，就怕锅漏

【释义】 比喻最怕关键的地方出问题。

【例句】 陈登科《风雷》一部三三章："编芦席的妇女们，经她这么一吆喝，跟着也哄起来：'怪不得芦柴少了，都是这个老婊子偷的。''不怕屋漏，就怕锅漏，家里有贼，注定要穷'。"

C

擦屁股

【释义】 比喻替别人收拾残局或处理遗留的问题。

【例句】 蒋子龙《晚年》："没有把握不要紧，招呼我一声，这算不上栽跟头。现在怎么样？还得我来擦屁股。"

猜哑谜

【释义】 比喻猜测难以捉摸的事情。

【例句】 许地山《枯杨生花》："朱老先生夫妇们眼对眼在那里猜哑谜；正不晓得他们是怎么一回事。"

才脱了阎王，又撞着小鬼

【释义】 比喻刚摆脱了一个坏人，又碰着另一个坏人。

【例句】 《照世杯·走安南玉马换猩绒》："这五更天，怎么有妇女在溪河里洗浴？分明是些花月的女妖，我杜景山怎么这等命苦，才脱了阎王，又撞着小鬼，叫我也没奈何了。"

才高八斗，学富五车

【释义】 形容知识渊博，有才学。

【例句】 陈森《品花宝鉴》："这两个人同是才高八斗，学富五车。但两人的性情又各不相同。"

苍天有眼

【释义】 指老天爷把一切是非曲直都看在眼里。

【例句】《龙图耳录》："好了！太子可要出头了，真是苍天有眼，但不知圣上见了太子如何？"

苍蝇不钻没缝的蛋

【释义】蛋本身如无裂缝，苍蝇便不会钻它。比喻自己如果无隙可击，坏人就无法利用。

【例句】《金瓶梅词话》一九回："你没借银，却问你讨。自古苍蝇不钻那没缝的蛋。快休说此话。"又八六回："人的名儿，树的影儿。苍蝇不钻没缝儿蛋。你休把养汉当饭，我如今要打发你上阳关！"

藏龙卧虎

【释义】指潜藏着人才或潜藏着的人才。

【例句】郭小亭《济公全传》："再说临安场乃藏龙卧虎之地，就许有人出来，路见不平；连我此时都收了心，不敢无故惹祸。"

藏着乖的卖傻的

【释义】好的藏而不露，用不好的来搪塞对方。比喻自己清楚，假装糊涂。

【例句】老舍《月牙儿》："'第一号'一半嘲弄，一半劝告地说：'已经有人打听你，干吗藏着乖的卖傻的呢？咱们谁不知道谁是怎么着？'"

插杠子

【释义】两人抬东西，第三人拿杠子插进去。比喻有人故意插手，从中搅局。

【例句】《醒世姻缘传》九五回："再说家，仍是我当，不许你乱插杠子。"

柴多火焰高

【释义】比喻人多力量大。

【例句】周而复《上海的早晨》："三人是个众字。柴多火焰高，人多声音大。"

唱高调

【释义】比喻说办不到的或本来就不打算办的漂亮话。

【例句】郭沫若《虎符》一幕："你们总是不顾实际地唱高调，现今的你们几位公子，什么平原君、春申君、孟尝君，都爱把国家的存亡来作为你们沽名钓誉的工具。"

唱主角

【释义】 比喻肩负重任。

【例句】 魏巍《东方》："快，快去堵住李能。今天他是唱主角的，别让他跑了。"

唱双簧

【释义】 双簧：曲艺的一种，两人配合表演，其中一人表演动作，另一人藏在他后面说唱。比喻相互勾结、里应外合。

【例句】 毛泽东《反对投降活动》："还有许多的张精卫、李精卫，他们暗藏在抗日阵线内部，也在和汪精卫里应外合地演出，有些唱双簧，有些装红白脸。"

唱戏的不瞒打锣的

【释义】 比喻对与自己合作的人不隐瞒真相。

【例句】 李晓明等《破晓记》二五："过了几天，杨大肚子按照药葫芦的吩咐把几个亲信的班长叫到他家里，大吃大喝一顿之后，说：'唱戏的不瞒打锣的，跟兄弟们商量件事情。'"

朝里无人莫做官

【释义】 旧指如果没有有权势的人做后台、做靠山，就得不到推荐重用，就做不了官。

【例句】 吴趼人《二十年目睹之怪现状》："俗语说的好，'朝里无人莫做官'，大约这位洪观察是朝内有人的了。"

朝里有人好做官

【释义】 旧指如果朝中有人做靠山，就能得到升迁和重用。

【例句】 杨沫《青春之歌》："不说这些啦，这个社会就是这样嘛，'朝里有人好做官'。"

炒下豆子众人吃，打烂炒锅一人赔

【释义】 比喻好处大家分享，出了事责任由一人承担。

【例句】 马烽《刘胡兰传·在阴暗的角落里》："再说又是这种年月，公家的事是好办的？炒下豆子众人吃，打烂炒锅一人赔。"

车到山前必有路

【释义】 凡车到之处，必有可通之路。比喻事到临头总有解决的办法。

【例句】 周立波《暴风骤雨》："队长同志，真是常言说得好：车到山前必有路，老天爷饿不死没眼的家雀。"

车多碍辙，船多擦边

【释义】 比喻人多反而相互妨碍。

【例句】 李准《冰化雪消》："我没有什么说的！反正'车多碍辙，船多擦边'！"

车走车路，马行马道

【释义】 比喻各有各的做法，各有各的路子。

【例句】 聂海《靠山堡》："你们有你们的计划，人家也有人家的打算，车走车路，马行马道得啦，你们管那么宽干啥？"

扯着老虎尾巴抖威风

【释义】 比喻借势力大的人逞威摆势。

【例句】 梁斌《红旗谱》："贵他娘站在门口叫阵：'刘二卯！甭扯着老虎尾巴抖威风，你出来咱在大街上说说！'"

扯皮

【释义】 比喻无原由地争论、争吵或不负责任地推脱。

【例句】 周立波《山乡巨变》："一个十几户人家的互助组，平素光扯皮，怎么一下子就一斩齐来了？"

扯着耳朵腮颊动

【释义】 腮颊：面颊。比喻双方关系密切、相互牵连。

【例句】 《儿女英雄传》二三回："这桩套头裹脑的事，这段含着骨头露着肉的话，这番扯着耳朵腮颊动的节目，大约除了安老爷和燕北闲人两个心里明镜儿似的，此外就得让说书的还知道个影子了。"

陈年老账

【释义】 比喻已经过去很久的事情，含有不必再计较之意。

【例句】 宗福先《于无声处》："陈年老账，还翻它干什么？"

撑死胆大的，饿死胆小的

【释义】 胆大妄为的人敢于冒险捞钱，所以能发财，而胆小怕事的人缩手缩脚所以受穷。指法纪混乱，坏人胆大妄为，老实人吃亏。

【例句】 李准《黄河东流去》："长松说：'撑死胆大的，饿死胆小的。'反正饿死也是死，还不如饿死以前弹腾两下哩！"

撑门面

【释义】 比喻要体面或讲排场。

【例句】 《大马扁》五回："因自己虽然求名紧要，毕竟外面要撑个门面，要为圣为贤的。"

成者王侯败者贼

【释义】 指旧日权力斗争双方，成功了就上台称王，失败了就沦为流寇。

【例句】 姚雪垠《李自成》第一卷："古人云：成者王侯败者贼。倘若大帅能得天下，则大帅即成了当今皇帝，夫人也成了皇后；倘若大事不成，则大帅不过是一个流贼，夫人也不过是贼之一妾耳。"

成气候

【释义】 比喻有成效或有希望、有发展前途。

【例句】 李建彤《刘志丹》："果然听说志丹跟前人来人往不断头，一出马就夺下永宁山民团，早晚得成气候。"

城门失火，殃及池鱼

【释义】 比喻无辜受到牵连而遭损害。殃：祸害。池：护城河。

【例句】 张恨水《金粉世家》："要闹要吵，还有明天呢。半夜三更，跑来吵人家，这岂不是城门失火，殃及池鱼吗？"

吃了人家的嘴软，拿了人家的手软

【释义】 吃了人家东西或收了人家礼物，在处理问题时往往要袒护人家，不能坚持原则。

【例句】 胡正《汾水长流》："常说：吃了人家的嘴软，拿了人家的手软，何况又是常不喝酒的人多贪了几杯便宜酒。"

吃得开

【释义】 形容行得通，受欢迎。

【例句】 老舍《四世同堂》："我身在教育局，而往各处，像金银藤和牵牛花似的，分散我的蔓！我相信，我才能到处吃得开！"

吃老本

【释义】 不再去赚钱，靠以前的积蓄过活。比喻不学习、不进步，凭原来掌握的那点知识混日子。

【例句】 韵华《肠梗阻》："光吃老本呀？凭着这老本，谁的话你都不听，这样，你吃不了几天。"

吃河水长大的，管得宽

【释义】 河水宽广，似乎吃了就多管事。讽刺人爱管闲事。

【例句】 冯志《敌后武工队》十章三："'五黄六月烟反潮，抽着又灭了，不划洋火还行？你是吃河水长大的，干什么要管这么宽？'临时仓库顶上的岗哨也不示弱地朝回顶撞。"

吃后悔药

【释义】 指后悔说错了话或做错了事。

【例句】 袁静等《新儿女英雄传》一六回："我这个人就是炮仗脾气，一时火儿上来了，由不得自己，过后又吃后悔药！"

吃苦在前，享受在后

【释义】 吃苦的事抢在前头，乐事的让给别人，自己退在后面。

【例句】 丁玲《一朵新花》："一百多年来从民主革命到社会主义革命，锻炼和教育了人民，培养了人民的无私无畏精神，对革命忠贞不二的操守，吃苦在前，享受在后的高尚品德。"

吃人饭拉狗屎

【释义】 比喻表面上像人，实际上毫无人性。骂人尽做坏事。

【例句】 刘流《烈火金钢》五回："我把你当个人看，闹了半天你是一条狗！告诉你说：姓史的不能像你这样地吃人饭拉狗屎！没有骨头的孬种！"

吃柿子拣软的

【释义】 比喻专欺负软弱的人。

【例句】 丁玲《太阳照在桑干河上》一二："告诉你，拔尖要拔头尖，吃柿子拣软的可不成！"

痴人说梦

【释义】 痴呆人说荒唐话。指说话脱离实际，比喻荒谬不可信。

【例句】 《镜花缘》一八回："今大贤说他注的为最，甚至此书一出，群书皆废，何至如此？可谓痴人说梦！"

翅膀长硬了

【释义】 比喻独立后不再服从管教。

【例句】 罗广斌、杨益言《红岩》："多喝了点洋水，翅膀长硬了。"

重打锣鼓另开张

【释义】　比喻从头再干或另作新的打算。

【例句】　马烽等《我们村里的年轻人》："别苦恼了，接受教训，重打锣鼓另开张吧！"

臭老九

【释义】　"文化大革命"中，对知识分子的蔑称。

【例句】　《综丰一号》："为了一个臭老九，影响你的前途，犯得着吗？"

臭皮囊

【释义】　佛教用语，指人的躯体。

【例句】　叶圣陶《倪焕之》："若说要我脱胎换骨，哈哈，我自己还很满意这副臭皮囊。"

出岔子

【释义】　指出差错或出事故。岔子：岔路。

【例句】　老舍《四世同堂》："在这年月，谁敢拍拍胸口，说不出岔子？"

出风头

【释义】　指在众人面前炫耀才能展示自己。

【例句】　毛泽东《整顿党的作风》："这种人闹什么东西呢？闹名誉，闹地位，闹出风头。"

出得龙潭，又入虎穴

【释义】　比喻刚从一个险境走出，又陷入另一个险境。

【例句】　《警世通言》卷一九："正说之间，林子里抢出十余个人来，大喊大叫，把衙内簇住。衙内道：'我好苦！出得龙潭，又入虎穴！'"

出家人不打诳语

【释义】　出家人：指僧尼或道士。诳语：骗人的话。僧尼和道士不会说谎话骗人。

【例句】　茅盾《有志者》五："'出家人不打诳语。先生，实在是你睡性好了点儿。'老和尚望了小和尚，又望了他慢吞吞地说。"

出漏子

【释义】 比喻出差错或露出破绽。

【例句】 李满天《水向东流》四八："前次被人跟踪，差点出了漏子。"

出门看天气，进门看脸色

【释义】 出门看天气好坏，进门看人的脸色如何。指受制于人，要察言观色，看人家的脸色说话行事。

【例句】 杜鹏程《保卫延安》三章："拿我来说吧，十四岁上就给人家熬活，一熬就熬了十三年！那真是把脊梁骨压弓啦！出门看天气，进门看脸色。"

船到江心补漏迟

【释义】 比喻事先不做预防，到了危急时刻来不及补救。

【例句】 《瞎骗奇闻》第八回："这个就是医家说的回光反照的讲究，不然病了多日，又如何能长篇阔论地讲这一大篇呢？这真是船到江心补漏迟了。"

船到桥头自然直

【释义】 比喻事情到最后，总会得到解决。

【例句】 茅盾《赛会》："算了罢！'船到桥头自然直'！"

船烂还有三千钉

【释义】 比喻有钱人家即使败落了，也还有些家底。

【例句】 谷斯范《新桃花扇》："'船烂还有三千钉'，毕竟是尚书府里阔哥儿，逃难下来，仍捧得出三百两银子。"

闯江湖

【释义】 指到处奔波，四海为家，以卖艺、占卜、表演杂耍、卖药治病为生。

【例句】 雪克《战斗的青春》："洛殿家从前曾经是个不难过的小庄稼主儿，听老人说他爷爷是个闯江湖卖艺的。"

创业容易守业难

【释义】 形容创造出业绩很容易，但要继承和巩固这种业绩就很困难了。劝说人们要珍惜现有的成果。

【例句】 碧野《丹凤朝阳》："凌风遥望水天相接的远方，声音低沉地说：'革命事业千秋万代，往往创业容易守业难。'"

吹胡子瞪眼睛

【释义】 形容人生气愤怒的样子。

【例句】 老舍《龙须沟》："回到家来，他的神气可足了去啦，吹胡子瞪眼睛的，瞧他那个劲儿！"

吹牛皮

【释义】 比喻说大话，夸海口。牛皮：指牛皮筏子，使用时需尽力把牛皮吹起来。

【例句】 王东满《漳河春》："不是二才吹牛皮，你嫂子可是好样的。"

春蚕到死丝方尽

【释义】 比喻爱情忠贞不渝。也比喻具有为人民或某一事业鞠躬尽瘁，死而后已的献身精神。

【例句】 茅盾《虹》："在'佳期'前两天，她秘密地给韦玉一封信，什么话都没有，只抄着两句诗：'春蚕到死丝方尽，蜡炬成灰泪始干。'"

唇亡齿寒

【释义】 牙齿失去嘴唇就会受冷。比喻有着密切的利害关系。

【例句】 郭沫若《虎符》："赵国和我们是兄弟之邦，赵国亡了，秦国一定要来吞灭我们，我们不要忘了'唇亡齿寒'的教训。"

此处不留人，自有留人处

【释义】 这里不容人，自然有安身的地方。

【例句】 《警世通言》卷一三："若要奉承人，卦就不准了；若说实话，不惹人怪？此处不留人，自有留人处！叹口气，收了卦铺，搬到了别处去了。"《说唐》四六回："茂公喝道：你这匹夫，还不快走，若稍迟延，吩咐左右看棍，咬金道：罢，罢，罢！此处不留人，自有留人处。"茅盾《无题》五："我本就晓得他们有帮口，此处不留人，自有留人处，我站起来就走了。"

D

打开天窗说亮话
【释义】 指不要掩掩藏藏，直截了当地说。
【例句】 李英儒《野火春风斗古城》："现在是打开天窗说亮话的时候，是死是活都要说个明白。"

打一巴掌揉三揉
【释义】 比喻先惩罚后安抚。也比喻伤害了别人还伪装友好。
【例句】 《前后汉故事新编》："英布去拜谢汉王，汉王对他又恭敬又亲近，洗脚时的那种傲慢劲儿完全没有了。汉王'打一巴掌揉三揉'的办法对英布完全适用。英布自告奋勇地要求去打霸王。"

打报不平
【释义】 指为受欺压的人伸张正义。
【例句】 《红楼梦》四五回："昨儿还打平儿呢，亏你伸的出手来！那黄汤难道灌丧了狗肚子里去了？气得我只给平儿打报不平儿。"

打断骨头还连着筋
【释义】 比喻原来的关系亲密，虽然出现了一些矛盾，但总割不断情意。
【例句】 田东照等《龙山游击队》三章三："老实说，我要收拾你，十个八个也早收拾了，还用等到今天吗？为什么？因为咱们是亲戚，打断骨头还连着筋哪。"

打核桃捎带了枣

【释义】 比喻打击某个人，也伤害了别人。

【例句】 刘江《太行风云》三七："真是还没有料到这一着。可不能打核桃捎带了枣。"

打幌子

【释义】 打：举。幌子：旧时店铺门外的市招。比喻假借某种名义做另外的事情。

【例句】 老舍《鼓书艺人》二三："他的主子从纳粹那里贩来一套本事，专会打着'国家至上'的幌子毒化青年。"

打饥荒

【释义】 指经济困难生活拮据。

【例句】 《廿载繁华梦》三七回："日前有自称督署红员姓张的打饥荒，去了五万银子。"

打进十八层地狱

【释义】 比喻给以最严厉的惩罚，使其永世不得翻身。

【例句】 郭沫若《四谈蔡文姬的〈胡笳十八拍〉》："《胡笳十八拍》，多少年来没有被人提起过，仿佛是已被打进了十八层地狱。"

打埋伏

【释义】 原为军事用语，指预先隐藏，待机行动。比喻隐藏人力、物资或隐瞒问题。

【例句】 张行《武陵山下》七九："他下定决心，要一个人到这里来打埋伏，抓住个把土匪再说。"

打闷棍

【释义】 指拦路抢劫的强盗将人用棍子打闷后，抢走财物。比喻突然对某人批评或责问，使人不知所措。

【例句】 茅盾《霜叶红似二月花》七："（姜锦生）被老赵的一闷棍打晕了过去，却没断气。"

打入冷宫

【释义】 冷宫：旧时皇宫中失宠的后妃住处。比喻废弃不用或搁置一旁，不予理会。

【例句】周恩来《在文艺工作座谈会和故事片创作会议上的讲话》引言："使我难过的是，讲了以后得不到反应，打入冷宫，这就叫人不免有点情绪了。"

打头炮

【释义】比喻第一个发言或首先行动。

【例句】袁静《淮上人家》一八章："会场照例沉默一会儿。还是金桂嫂打了头炮。"

打头阵

【释义】带头冲锋陷阵。比喻冲在前面带头干。

【例句】老舍《鼓书艺人》四："唐四奶奶打头阵，跟脚就是琴珠，唐四爷殿后。"

打牙祭

【释义】原指逢月初、月中吃有荤菜的饭，后指偶然吃一次丰盛的饭菜。一说古代衙门内朔望日祭祀，第二天差役可吃上祭馀的肉，叫"衙祭肉"。"衙"本作"牙"。

【例句】《儒林外史》十八回："平常每日就是小菜饭，初二、十六跟着店里吃牙祭肉。"艾芜《端阳节》一："明朝儿子孙子又要请我们、打牙祭了！"

打哑谜

【释义】比喻说使人不明白，不理解的话。

【例句】康濯《东方红》六章五："直说了吧！别那么拐弯抹角打哑谜啦！"

打预防针

【释义】比喻提醒别人警惕某种思想或行为的发生。

【例句】冯德英《迎春花》二一章："再住几个月我要自己写信给你看，你可不准笑话我写得不好，先打个预防针。"

打招牌

【释义】比喻假借某种名义做事。

【例句】巴金《作家的勇气和责任心》："既然打着作家的招牌，就必须认真写作，必须重视作家的勇气和责任心。"

大难不死，必有后福

【释义】 迷信观点认为遭遇了大的灾祸而没有死去的人，日后一定会有福享。

【例句】 赵云升、李政《少帅传奇》："年已五十七岁的张作霖，曾几次从生死灾难中闯荡过来，他自认为自己是大难不死，必有后福之人。"

大丈夫能屈能伸

【释义】 指有志气的男子，境遇不顺时能忍辱负重或委屈求全，得志时则能施展抱负，建功立业。

【例句】 《文明小史》第三十六回："据小弟的愚见，只好大家忍耐，受些屈辱，也顾不得。所谓是大丈夫能屈能伸。"

大打包票

【释义】 料事有绝对的把握；做保证。包票：保单。

【例句】 周立波《山乡巨变》："两千斤是二十石，那容易到手了。我打包票。"

打草惊蛇

【释义】 比喻行事不谨慎，反而引起对方注意，加以戒备。

【例句】 张恨水《金粉世家》："佩芳一把将他拖住，问道：'你这是怎么了？存心去打草惊蛇吗？'"

打圆场

【释义】 指调解争执，缓和僵局。

【例句】 周而复《上海的早晨》："苏沛霖在一旁笑脸打圆场：'老爷好心好意照顾你，你就种吧。种了地自家的生活也有了着落。'"

打折扣

【释义】 原指商品减价出售。比喻降低预定标准或不完全按规定或已承认的来做。

【例句】 叶圣陶《倪焕之》："'将会也有打折扣的么？'树柏把金丝边眼镜抬了抬，哈了一口酒气，庄严地说。"

大处着眼，小处着手

【释义】 从大局出发考虑部署，从细部实施。

【例句】李欣《潜移默化》："移风易俗，是一个历史时期的任务，必须大处着眼，小处着手。"

大门不出，二门不迈
【释义】指待在家里不与外界接触。
【例句】老舍《四世同堂》："为什么像祁瑞宣那样的人会一声不响，大门不出，二门不迈的呢？"

大意失荆州
【释义】原指三国时关羽防守荆州因大意而失败。比喻一时疏忽大意，造成重大损失。
【例句】陈登科《淮河边上的儿女》："快吧！不要大意失荆州，我们不靠圩边走，奔南河底去。"

大鱼吃小鱼，小鱼吃虾米
【释义】比喻恃强凌弱，层层吞食。
【例句】老舍《荷珠配》："常言说的好：大鱼吃小鱼，小鱼吃虾米！我要不吃你，怎能合天理！"

大年初一吃饺子，只等下锅
【释义】大年初一吃的饺子除夕就包好，初一只等下锅煮熟。比喻一切准备就绪，只等动手干。
【例句】柳杞《长城烟尘》五章："大家一听，问的是这个，于是乱哄哄地争先抢着说：'咳，早准备好啦，只等上级的命令啦！''大年初一吃饺子，只等下锅！'"

大水冲了龙王庙，一家人不认得一家人
【释义】龙王：传说中掌管兴云降雨、统领水族的神。指自己不认识自己人，或指自己人之间发生误会。
【例句】《儿女英雄传》七回："那妇人听了，这才裂着大薄片子嘴笑道：'你瞧，大水冲了龙王庙——一家人不认得一家人'咧！那么着，请屋里坐。"

戴高帽子
【释义】比喻说恭维或吹捧的话。高帽：旧时的一种官帽。

【例句】 冯志《敌后武工队》："但是，真正解决问题的，却不是这些捧场、喝彩，给他擦俊药戴高帽子的人。"

单丝不成线，孤树不成林
【释义】 比喻一个人的力量有限，办不成事。
【例句】 梁斌《红旗谱》："他又想起来：朱老巩死了，他像失去一条膀臂，单丝不成线，孤树不成林，只怕冯家对他不利。"

当局者迷，旁观者清
【释义】 比喻当事人看问题往往主观、片面，反而不如旁观者看得全面、清楚。
【例句】 刘鹗《老残游记》："实在说的不错，倒是没有人说过的话！可见'当局者迷，旁观者清'。"

挡箭牌
【释义】 原指盾牌。比喻用以推脱责任、掩饰过错的人或事物。
【例句】 谢璞《真情的人》："易翠英笑道：'又拿"客观条件"做挡箭牌了？'"

挡路虎
【释义】 比喻阻挠、干扰事物发展的人或事。
【例句】 姚雪垠《李自成》二卷上："他把自成的书信，仔细地看了一遍，虽然'抚绥'的'绥'字是个挡路虎，但意思他是明白的。"

刀子嘴，豆腐心
【释义】 比喻人虽然说话强硬刻薄，但心地十分善良。多形容女性。
【例句】 浩然《艳阳天》："焦二菊是个刀子嘴，豆腐心，硬的不怕，软的受不了。"

倒抽一口冷气

【释义】 形容突然受到惊吓时紧张心情。

【例句】 艾芜《雾》："她说：'不在这个区上，早不在了，死了多年了。'这使我倒抽一口冷气。"

得理不让人

【释义】 指有了理就不肯退让容让别人。

【例句】 冯志《敌后武工队》一九章一："嘿！看你这个得理不让人的劲，怎么我这小辫子叫你揪住了？"

多年的媳妇熬成了婆

【释义】 比喻长期受人管教，历尽辛苦后，终于改变了地位，可以支使他人。

【例句】 康濯《灾难的明天》三："婆婆是好容易'多年的媳妇熬成了婆'！婆婆接受了她自己婆婆那一套，把虐待儿媳当作了自己的本分。"

躲得和尚躲不得寺

【释义】 比喻总归躲不过，逃不脱。

【例句】《儒林外史》五四回："你不要慌，'躲得和尚躲不得寺'，我自然有个料理。你明日到我寓处来。"

羝羊触藩，进退两难

【释义】 公羊碰撞篱笆，羊角被缠绕住。形容事情复杂难办，进也不是，退也不是。

【例句】《易经·大壮》："羝羊触藩，不能退，不能遂。"

爹死娘嫁人，各人顾各人

【释义】 比喻遇到危难或发生变故时只顾自己，不管别人死活。

【例句】 李建彤《刘志丹》："事到临头，可知道银子咬手吧？趁早爹死娘嫁人，各人顾各人。"

丁是丁，卯是卯

【释义】 形容办事认真，一丝不苟。

【例句】 袁静《淮上人家》："（小伙子）说起话来，丁是丁，卯是卯的！"

顶呱呱

【释义】 形容人或事物非常出色。

【例句】 萧乾《关键在于信念》："种子顶呱呱，怎奈种的不是时候！"

兜圈子

【释义】 比喻说话或办事拐弯抹角不直截了当。

【例句】 周而复《上海的早晨》："我希望大家开诚布公，坦坦白白地把问题摆到桌面上，谈清楚，不要兜圈子。"

堵漏洞

【释义】 指堵塞说话或做事（多指经济活动中的疏漏之处）。

【例句】 陈云《抗美援朝开始后财经工作的方针》："汉口市检查了一下，各月一般漏税在百分之三十。应该想办法堵塞这个漏洞。"

度日如年

【释义】 形容日子难熬。

【例句】 施耐庵《水浒全传》第五十三回："哥哥在高唐州界上度日如年。"

E

饿死事小，失节事大

【释义】 旧指女子宁可无依靠饿死，也不能再嫁。也泛指人们有节气，宁肯饿死，也不能失节。

【例句】 张恨水《啼笑姻缘续集》："老兄台，怎么着，你在关外混吗？饿死事小，失节事大，你怎么跟亡国奴后面去了？"

恶人先告状

【释义】 指做了坏事的人抢先诬陷别人。

【例句】 欧阳山《三家巷》二七："他想起这儿的伙计郭标，漏了柜底反而恶人先告状，使自己蒙了恶名。"

鳄鱼的眼泪

【释义】 传说鳄鱼一边吞食人、兽，一边流泪。比喻假慈悲。

【例句】 陆文夫《献身》："别相信鳄鱼的眼泪。"

耳听千遍，不如手过一遍

【释义】 听的次数再多，不如自己动手做一遍。强调亲参加实践的重要。

【例句】 马烽《新任队长钱老大》："钱老大说：'耳听千遍，不如手过一遍。'这两天又拆卸开东方红拖拉机，重新装配咧！"

耳闻是虚，眼观是实

【释义】 听来的不可信，亲眼看到的才真实可靠。

【例句】 《好逑传》九回："俗说：'耳闻是虚，眼观是实'，叔叔此时且不要过于取笑侄女，请再去一访。如访得是的的确确，果是拐子，一毫不差，那时再来取笑侄女，却也未迟。"

F

法不制众

【释义】 法律不会制裁多数人。

【例句】 曲波《林海雪原》三〇："上司如果责罚，大家一齐跪下苦苦哀告。常言道：'法不制众。'又商量立下誓书，将来立功折罪。"

翻旧账

【释义】 比喻重提过去的事，多指不愉快的事。

【例句】 茅盾《子夜》："算了！算了！太太，不要翻旧账，回头我关照阿新。"

翻脸不认人

【释义】 转眼间就像不认识的人一样，形空对人不讲交情。

【例句】 姚雪垠《李自成》："俗话说，不怕一万，只怕万一。你难道不怕万一我张献忠翻脸不认人，对你下毒手？"

翻手为云，覆手作雨

【释义】 比喻做事反复无常狡诈多变或善于玩弄手段，为所欲为。

【例句】 茅盾《手的故事》："猴子虽然有手，却不会制造工具；至于'翻手为云，覆手为雨'，猴子更不会。"

饭来张口，衣来伸手

【释义】 指吃现成饭，穿现成衣，坐享其成。

【例句】 谢觉哉《青年人怎样锻炼自己》："这些人都是饭来张口，衣来伸手，四肢从来没有锻炼过。"

放虎容易擒虎难

【释义】 比喻放掉敌人，再要擒获就不容易了。

【例句】 龚昌盛《沉浮》："你怎把龙涛放了？俗话说，放虎容易擒虎难。他们一走，你拿什么救爹呢？"

放冷箭

【释义】 比喻乘人不备，暗中耍手段加害于人。

【例句】 鲁迅《无花的蔷薇》："我对于'放冷箭'的解释，颇有些和他们一流不同，是说有人受伤，而不知这箭从什么地方射出。"

飞短流长

【释义】 指散布流言蜚语。

【例句】 吴趼人《二十年目睹之怪现状》："我已是久厌风尘，看这等事，绝不因之动心；只是外间的飞短流长，未免令人闻而生厌罢了。"

风马牛不相及

【释义】 比喻彼此之间毫无相干。

【例句】 《好逑传》一四回："我在陌生路中被他救了，事已厅了，还说是事有凑巧。怎么参参贬谪边庭，与他风马牛不相及，又无意中为他救了，不更厅了。"

风烛残年

【释义】 比喻年老力衰或行将消亡。

【例句】 文康《儿女英雄传》第二十一回："慢讲得济，只这风烛残年。没的倒得'眼泪倒回去望肚子流'。"

风高放火，月黑杀人

【释义】 本指强盗打家动舍的行径，也指趁机干坏事。

【例句】 《警世通言》卷一二："风高放火，月黑杀人，无粮同饿，得肉均分。"

逢人只说三分话，未可全抛一片心

【释义】 指与人交往，说话要有所保留。

【例句】 文康《侠女奇缘》："一言抄百语，你'逢人只说三分话，未可全抛一片心'，切记，切记！"

佛烧一炉香，人争一口气

【释义】 比喻人应该有志气，自强不息。

【例句】 罗旋《南国烽烟》："'佛烧一炉香，人争一口气。'我是赌气要走的。"

夫妻本是同林鸟，大难到来各自飞

【释义】 比喻危难的时候，即使亲密如夫妻，也是各人顾各人。

【例句】 峻青《秋色赋》："那时候，人们像一盘散沙，甚至'夫妻本是同林鸟，大难到来各自飞'。"

夫荣妻贵

【释义】 指丈夫有了地位、荣耀，妻子也跟着尊贵。

【例句】 陈登科《风雷》："'夫荣妻贵。'正因为她丈夫在黄瞳集上是个要人，她的身价也就'水涨船高'，人人都称她'七奶奶'。"

福无双至，祸不单行

【释义】 幸运的事不大可能连续到来，倒霉的事情却往往接二连三地出现。多指连续发生不幸的事情。

【例句】 马忆湘《朝阳花》："福无双至，祸不单行，这年秋天，妈妈又得了重病。"

扶不起的阿斗

【释义】 阿斗：三国时蜀汉后主刘禅的小名，为人庸碌，虽然有诸葛亮辅佐，也未能守住刘备开创的事业。比喻怯懦无能不思振作的人。

【例句】 《黄绣球》二七回："这些人据我看还不是扶不起的阿斗，怎样能就他隙之明，替他们引出点光来？"

覆巢之下无完卵

【释义】 比喻整体覆灭，局部也不可能幸免。

【例句】 李六如《六十年的变迁》："帝国主义与军阀不打倒，国家就不能复兴，覆巢之下无完卵，我个人会有什么出路呀！"

覆水难收

【释义】 泼出去的水不能再收回。比喻事情已成定局，无法改变。

【例句】 《初刻拍案惊奇》卷二九："如此才人，足为快婿。尔女已是覆水难收，何不宛转成就了他？"

G

干打雷不下雨

【释义】 声大却没有动。

【例句】 丁玲《太阳照在桑干河上》三二："天天开会，干打雷不下雨，造反还有个不动刀枪的？"

高不成，低不就

【释义】 指对条件优越的，高攀不上；条件次的，又不愿接受。多指选择配偶或做事供职时条件过于苛刻，不能成功。

【例句】 老舍《四世同堂》:"他的过去的经历与资格是一种障碍。高不成，低不就，他落了空。"

胳膊扭不过大腿去
【释义】 比喻地位低、势力小、力量弱的敌不过地位高、势力大、力量强的。
【例句】 老舍《方珍珠》:"得忍气就忍气，胳膊反正扭不过大腿去。"

隔行如隔山
【释义】 指一行有一行的门道。
【例句】 赵树理《李家庄的变迁》:"参谋长虽然是日本帝国大学毕业，可是隔行如隔山，和土匪们取联络便不如小喜。"

各打五十大板
【释义】 比喻不分清红皂白、是非曲直，同样惩罚或责难。
【例句】 武剑青《流星》:"唉，雷颖夹在中间，左右为难呀，所以她才各打五十大板。"

给脸不要脸
【释义】 形容不识抬举，不知好歹。
【例句】 雪川《幕后者》:"您回去说，不是我们给脸不要脸，是真有难处，被逼无奈呀!"

公说公有理，婆说婆有理
【释义】 比喻各执己见，各说各的道理，令人是非难辨。
【例句】 贺政民《黄河儿女》:"他春山有春山的理，咱还有咱的理呢! 公说公有理，婆说婆有理，到头来，谁的翅膀硬谁就有理。"

功到自然成

【释义】 功夫下了，事情自然会成功。

【例句】 老舍《我怎么写的〈春华秋实〉剧本》："写作没有捷径，全靠功到自然成。"

狗急跳墙

【释义】 指人走投无路，被逼无奈，就会不顾一切地蛮干。

【例句】 《红楼梦》第二十七回："今儿我听了他的短儿，'人急造反，狗急跳墙'，不但生事，而且我还没趣。"

狗拿耗子，多管闲事

【释义】 骂人的话，比喻多管闲事。

【例句】 田汉《械斗》："什么孙家刘家，这是我们自己的事，你们少在这里狗拿耗子，多管闲事。"

狗眼看人低

【释义】 骂人势利，瞧不起人。

【例句】 田汉《情深》："你们真是'狗眼看人低'，王魁不过就是少了几个钱，你们就那么看不起他，糟踏他！"

狗咬狗

【释义】 比喻坏人之间相互争斗。

【例句】 方之《内奸》："杨石斋搜刮了不少民脂民膏。有次，他们内部狗咬狗，告他贪污。"

狗咬吕洞宾，不识好人心

【释义】 比喻分辨不出好人、坏人，把别人的好意当作歹意。

【例句】 周立波《山乡巨变》："哟哟，你这真是'狗咬吕洞宾，不识好人心'。好吧，我不勉强你。"

狗仗人势

【释义】 骂人的话。比喻坏人依仗主子的权势欺压人。

【例句】 曹雪芹《红楼梦》第七十四回："我不过看着太太的面上，你又有几岁年纪，叫你一声'妈妈'，你就狗仗人势，天天作耗，在我们跟前逞脸。"

狗嘴里长不出象牙

【释义】 比喻坏人的嘴里说不出好话。

【例句】 张恨水《金粉世家》："反正狗嘴里长不出象牙。下面你不念，我也知道了。"

鼓不打不响，话不说不明

【释义】 指话不说出来别人就无法明白。

【例句】 陈登科《风雷》："鼓不打不响，话不说不明。你既是心里有他，为啥不和他直说，你爱他。"

挂羊头，卖狗肉

【释义】 比喻弄虚作假，名实不副。

【例句】 李六如《六十年的变迁》："他们这些家伙，都是挂羊头，卖狗肉，勾结帝国主义的坏东西。"

关公面前耍大刀

【释义】 比喻在行家面前卖弄本领，自来献丑。

【例句】 刘波泳《秦川儿女》："你这套茶经，才真是鲁班门前弄大斧，关公面前耍大刀。"

观棋不语真君子

【释义】 看人下棋时不出声才是有修养的人。

【例句】 冯梦龙《醒世恒言》："倘或旁观的口嘴不紧，遇煞着处溜出半句话来，赢者反输，输者反赢，欲待发恶，不为大事；欲待不抱怨，又忍气不过。所以古人说得好：观棋不语真君子。"

灌迷魂汤

【释义】 比喻用甜言蜜语奉承别人。

【例句】 柳青《创业史》一部一七："'你甭给我灌迷魂汤哩！'梁三老汉严肃地警觉着自己不被软化。"

贵人多忘事

【释义】 原指地位显赫的官僚不念旧交，后来常用来形容人健忘，有时用作客套话或奉承话。

【例句】《红楼梦》第六回："刘姥姥一壁里走着，一壁笑说道：'你老是贵人多忘事，那里还记得我们呢'。"

过了这个村，没这个店
【释义】比喻错过机会，就不会再有。
【例句】文康《儿女英雄传》第九回："况且俗语说的，'过了这个村，没这个店'。你要再找我妹妹这么一个人儿，你只怕走遍天下，打着灯笼也没处找去。"

过五关，斩六将
【释义】比喻克服重重困难，创造业绩。
【例句】罗懋登《三宝太监下西洋记》第七十六回："这如今万世之下，那一个不说道过五关，斩六将，掀天揭地的好大丈夫。"

H

海底捞针
【释义】比喻事情难办。
【例句】文康《儿女英雄传》第十一回："老太爷要拿这个人，只怕比海底捞针还难。"

海阔凭鱼跃，天高任鸟飞
【释义】比喻有人可以毫不拘束地自由行动，或充分地施展才能。
【例句】于逢《金沙洲》："啊！海阔凭鱼跃，天高任鸟飞，谁还愿意待在一个村子里呢！"

害人之心不可有，防人之心不可无

【释义】 意为与人交往，不要故意去伤害人，但还要提防别人，以免受到伤害。

【例句】 陈立德《前驱》一五章："我们这是一片好心，参谋长先生，这就叫害人之心不可有，防人之心不可无啊！"

韩信将兵，多多益善

【释义】 韩信领兵作战，兵越多，越能指挥好。后用作歇后语，比喻越多越好。将：率领。

【例句】 张鸿《续孽海花》第四十一回："我们应乘时势危急，组织团体，集合人才，如韩信将兵，多多益善，以扩张党势。"

喊天天不应，喊地地不灵

【释义】 指人在困境中无处求助，一筹莫展。

【例句】 艾芜《私烟贩子》："一下子发病了，四面又没有人烟，喊天天不应，喊地地不灵，你看怎个办嘛！"

行家看门道，外行看热闹

【释义】 内行的人善于详察内情，外行的人只会表面上看看热闹。

【例句】 刘兰芳等《岳飞传》第九十三回："哎呀，人家剑法太高了！行家看门道，外行看热闹。"

好汉不吃眼前亏

【释义】 指聪明人能见机行事，避开暂时的不利势头，以免吃亏受辱。

【例句】 杨沫《青春之歌》："我说呢，要是识好歹的，既然到了这个地方就趁早回头，少吃苦头——好汉不吃眼前亏！"

好了伤疤忘了疼

【释义】 比喻境遇好了，就忘记了过去的艰难困苦或失败的教训。

【例句】 龚昌盛《沉浮》："好了伤疤忘了疼，世上这样的人倒也不少。王老水的伤疤比一般人都厉害，所以他比一般人忘得更加干净。"

好汉识好汉，英雄识英雄

【释义】 有才干的人识别人才的眼力。

【例句】 《施公案》："（小二）瞥眼看见黄天霸等在楼上，目不转睛望他。他这一见，虽然认不得黄天霸，自古道：'好汉识好汉，英雄识英雄。'他已猜着九分。"

好话一句三冬暖，恶语伤人六月寒

【释义】 善意的话使人在寒冷的冬天也感到温暖，恶意的话使人在盛夏也觉得心寒。

【例句】 李满天《水向东流》四三："（贵堂）挂着锄柄站定，和常顺面对面，压低嗓子，说出一段使常顺吃惊的话来。正是好话一句三冬暖，恶语伤人六月寒。"

好记性弗如烂笔头

【释义】 指好的记忆力，时间一久，也会遗忘造成失误，不如用笔记下来得可靠。

【例句】 范寅《越谚》卷上："'好记性弗如烂笔头'，劝人勤记账目。"

好自为之

【释义】 劝勉人的话。自己向着好的方向努力。

【例句】 王韬《淞隐漫录》五："此时正大夫建功立业之秋，愿勿以儿女为念。行矣李君，好自为之。"

和尚头上的虱子，明摆着

【释义】 形容非常明显，一眼就可看清。

【例句】 ·张行《武陵山下》八九："周祖义认为这是农会对他的警告。他越来越感到他这个行动队员，在农会委员的眼睛里已经是和尚头上的虱子，明摆着的坏家伙。"

黑名单

【释义】 反动统治者或反革命集团等为进行政治迫害而开列的革命者和进步人士的名单。

【例句】 杨沫《青春之歌》："你看，连李槐英那样的人都上了戴愉的黑名单，可见得这是个多么毒辣的家伙！"

恨铁不成钢

【释义】 痛恨自己期望的人不能早成才、成大才，也指对所期望的人不上进、不争气感到焦急。

【例句】 《红楼梦》第九十六回："老太太当初疼儿子这么疼的，难道做儿子的就不疼自己的儿子不成么？只为宝玉不上进，所以时常恨他，也不过是恨铁不成钢的意思。"

横不是竖不是

【释义】 比喻怎么着都不合适。

【例句】 《红楼梦》第四十四回："尤氏答应了，又笑回道：'他说坐不惯首席，坐在上头，横不是竖不是的，酒也不肯喝。'"

红得发紫

【释义】 形容一时得势，很受重用或很有名气。

【例句】 姚雪垠《李自成》："他前年冬天悄悄到了闯王那里，拜为军师，红得发紫。"

侯门深似海

【释义】 指官僚贵族之家，宅大院深，门禁森严，平民百姓难以进入。

【例句】 《红楼梦》第六回："刘姥姥道：'哎哟哟！可是说的，'侯门深似海'，我是个什么东西，他家人又不认得我，我去了也是白去的。'"

后院起火

【释义】 比喻矛盾或乱子出在内部。

【例句】 汪浙成、温小钰《土壤》："关键时刻，后院起火了！"

呼风唤雨

【释义】 本指神仙、道士施行刮风降雨的法术，后比喻本事高超，能左右局势。

【例句】 钱彩《说岳全传》第五十回："只有我师傅在此山中修炼，道法精通，有呼风唤雨之能，撒豆成兵之术。"

呼天抢地

【释义】 形容极度悲痛。呼天：叫天。抢地：用头撞地。

【例句】 吴敬梓《儒林外史》第十七回："太公瞑目而逝，合家大哭起来。匡超人呼天抢地，一面安排装殓。"

狐朋狗友

【释义】 聚在一起吃喝玩乐的朋友。

【例句】 李百川《绿野仙踪》三七："表弟逐日家狐朋狗友，弄出这样弥天大祸来。他一入监，我就去州衙门打听。"

葫芦里卖的什么药

【释义】 古时郎中把药装在葫芦里卖，不知他治什么病，更不知他要卖的是什么药。比喻不知道对方的真实意图。

【例句】 茅盾《过年》："老赵猜不透老婆葫芦里卖的什么药，可又不便问。"

糊涂账

【释义】 不清楚的账目。比喻关系混乱，难以弄清的问题。

【例句】 程树榛《大学时代》："这个屈辱和悲惨的历史是清清楚楚的嘛，怎么说是笔糊涂账呢？"

虎毒不食儿

【释义】 老虎那么凶恶都不会吃自己的骨肉。比喻世间没有人不爱自己的孩子，再心狠手辣的人也不会伤害自己的亲生子女。

【例句】 许仲琳《封神演义》第三十三回："黄明劝我，'虎毒不食儿'，你们都回来，我同你们往西岐去投见武王，何如？"

虎父无犬子

【释义】 比喻威武或有本领的父亲不会养育出无能的儿子。

【例句】罗贯中《三国演义》第八十三回："二小将便取韩当、周泰。韩周二人，慌退入阵。先主视之，叹曰：'虎父无犬子也！'"

虎落平阳被犬欺

【释义】比喻强者一旦失去了有利的条件，也会受制于弱者。

【例句】《西游记》第二十八回："正是：龙游浅水遭虾戏，虎落平阳被犬欺。纵然好事多魔障，谁像唐僧西向时？"

虎头蛇尾

【释义】比喻诡诈伪善言行不一，也比喻做事有始无终。

【例句】冯梦龙《古今小说》第三十九回："大抵朝廷之事，虎头蛇尾，且暂为逃难之计。"

护身符

【释义】比喻可以借以庇护的人或物。

【例句】文康《儿女英雄传》："我同了玉格带上戴勤随缘，再带上十三妹那张弹弓，岂不是绝好的一道护身符吗？"

话里有刺

【释义】话里暗含讽刺对方的意思。

【例句】周立波《暴风骤雨》："郭全海听话里有刺，把筷子放下，但还是按下心头的火，从容地说道：'李大嫂子，别指鸡骂狗，倒是谁白吃白喝？'"

话里有话

【释义】指说的话里含有言外之意。

【例句】文康《侠女奇缘》二一："那知他二人这话却是机带双敲，话里有话！"

皇帝女儿不愁嫁

【释义】比喻紧俏的物品不愁卖不出去。

【例句】"俗话说，皇帝女儿不愁嫁，花子好歹也是局长的女儿，虽说三十多岁了，但找个小伙子应该不成问题"。

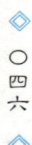

皇帝轮流做，明年到我家

【释义】 本指改朝换代，比喻大权不会被一人独揽到底，总有更换的时候。

【例句】 吴承恩《西游记》第七回："大圣道：'他虽年劫修长，也不应久占在此。常言道："皇帝轮流做，明年到我家。"只教他搬出去，将天宫让与我。'"

黄粱梦

【释义】 比喻虚幻的梦想和破灭的欲望。

【例句】 谢璞《桃花水》："后来，蒋该死的黄粱梦破产了，吴顺昌又变成个谨小慎微的君子了，几乎是树叶掉下来怕打破脑壳。"

黄鼠狼给鸡拜年，没安好心

【释义】 比喻假装好意，实则暗怀祸心。

【例句】 张孟良《儿女风尘记》三部五："我看这是黄鼠狼给鸡拜年，没安好心。也许把钱花了，人还是回不来！"

回马枪

【释义】 回过头来给追击者猝不及防的反击。

【例句】 林文烈《归侨儿女》："我们没有向长发仔细亮底，万一这小子讨好姓章的，来个回马枪，也抓不住我们什么把柄呀！"

活到老，学到老

【释义】 指学无止境，每天都要学习。

【例句】 老舍《茶馆》："王利发：对！要不怎么说，人要活到老，学到老呢！我还得多学！"

活神仙

【释义】 比喻长寿的人。

【例句】 吴敬梓《儒林外史》："你令岳是个活神仙，今年活了三百多岁，怎么忽然
又死起来？"

火车头

【释义】 比喻起带头作用的人或事物。

【例句】 从维熙《心河》："于非这样的老干部，是国家的火车头，人们盼望着这个
火车头多拉快跑。"

J

饥不择食，寒不择衣

【释义】 饿急了有什么吃什么，冻急了什么衣服都可以穿。比喻形势紧迫顾不上
选择。

【例句】 《水浒传》第三回："且说鲁达自离了渭州，东逃西奔，急急忙忙，行过了
几处州府，正是：饥不择食，寒不择衣，慌不择路，贫不择妻。"

鸡蛋里挑骨头

【释义】 指故意挑剔刁难人。

【例句】 杜鹏程《在和平的日子里》第六章二："梁建坐在桌子跟前，一手卡住下
巴，一手执笔，反复研究着调度员写的草稿，要让词句和语气准确有力，
要让在鸡蛋里挑骨头的人也找不出毛病。"

鸡飞蛋打一场空

【释义】 比喻两头落空或彻底失败。

【例句】 罗旋《南国烽烟》一部六："不要想得太甜了，就怕鸡飞蛋打一场空哩！"

疾风知劲草

【释义】 比喻在艰险的环境中才能检验出人的意志和立场。

【例句】 吴任臣《十国春秋》卷九六："董、王、林、刘捐身为国，虽或生或死

不同，约其大旨，皆王氏忠臣也。语云：'疾风知劲草'，吾于四人见之矣。"

挤牙膏

【释义】 比喻谈问题不痛快，说得断断续续。

【例句】 刘震云《新兵连》："指导员、连长都来参加我们的批判会。大家一开始还挤牙膏，后来索性墙倒众人推，把他日常生活中的大小缺点往一块一集合，一下子堆了一个十恶不赦的罪人！"

既来之，则安之

【释义】 原指既然让他回来了，就要让他安心定居。现指既然来了，就安下心来。

【例句】 刘亚舟《男婚女嫁》："你既来之，则安之。坐下陪老姨说会儿话。"

既在矮檐下，怎敢不低头

【释义】 指依附或有求于人，不得不听人家的吩咐。

【例句】 《西游记》第二十八回："这是'既在矮檐下，怎敢不低头'，三藏只得双手合着与他见个礼。"

夹塞儿

【释义】 比喻不按顺序排队而从中间插入队伍。

【例句】 张洁《沉重的翅膀》："她不愿意夹塞儿，又觉得谢绝了她们的好意于心不忍。"

家家有本难念的经

【释义】 比喻每个家庭都有不为人知的难处。

【例句】 高阳《乾隆韵事》："'就因为他是汉人，我要避嫌疑。'皇帝叹口气说：'家家有本难念的经。'"

家和万事兴

【释义】 家庭和睦，自然事业兴旺。

【例句】 吴趼人《二十年目睹之怪现状》第八十七回："大凡一家人家过日子，总得要和和气气。从来说：家和万事兴。'"

家徒四壁

【释义】 家里只有四面墙壁，比喻家境贫穷。

【例句】 张凤翼《红拂记》二十："只是你作客十年如张俭，想家徒四壁类相如。"

假面具

【释义】 指仿照人物或兽类的脸形制成的道具或玩具，比喻虚伪的外表。

【例句】 茅盾《蚀》："他丢下了女性的矜持的贞静的假面具，率直地问道：'你究竟爱不爱我呢？'"

假戏真做

【释义】 比喻事情本身不是真的，但装得像真的一样。

【例句】 从维熙《第十个弹孔》："你们同台跳过《罗米欧与朱丽叶》，如果假戏真做，可是有损名声！"

假惺惺

【释义】 假情假意的样子。

【例句】 李建彤《刘志丹》："志丹火了：'这不是私仇，张家是一窝子反革命，这仇解不得。张家父子作够了孽，现在又假惺惺赔什么情？这是圈套！'"

嫁出去的女儿泼出去的水

【释义】 女儿出嫁了，娘家就不管了。

【例句】 《红楼梦》第八十一回："王夫人道：'这也是没法儿的事。俗语说的：嫁出去的女孩儿，泼出去的水。叫我能怎么样呢？'"

捡了芝麻，丢了西瓜

【释义】 比喻因小失大，得不偿失。

【例句】 艾明之《伟大的起点》五："这种负责精神很好，可是光你一个人总忙不过来啊！搞不好，捡了芝麻反倒丢了西瓜。"

姜太公钓鱼，愿者上钩

【释义】 比喻心甘情愿地上人圈套。

【例句】 草明《乘风破浪》一："我都把咱们的地址告诉她了。姜太公钓鱼，愿者上钩，她不来就算了。"

将错就错

【释义】 事情既然做错了，索性顺着错的做法做下去。

【例句】 朱权《荆钗记》二三："怎么没有书回来？且将错就错，说与他知道。"

将心比心

【释义】 指设身处地替别人着想。

【例句】 朱熹《朱子语类》："俗语所谓将心比心，如此则各得其平矣！"

将在外，君命有所不受

【释义】 将帅在外作战，即使是君主的命令也可以不接受。

【例句】 李雨堂《万花楼》："这是军法无情，将在外，君命有所不受。杨元帅执法，即寡人也不便讨饶。"

交人交心，浇树浇根

【释义】 指与人交往要推心置腹，以诚相待，就像浇树，要浇树的根部一样。

【例句】 浩然《艳阳天》："交人交心，浇树浇根，人不能不讲良心，也不能不识抬举。"

脚踏两只船

【释义】 形容立场不稳定，左右摇摆。也指两方都想沾边。

【例句】 钟涛《大甸风云》："让家里说亲吧，这一头的心还没死，那岂不是脚踏两只船？做人哪能这样？"

脚底擦油溜得快

【释义】 比喻赶快脱身。

【例句】 李六如《六十年的变迁》一三章四："（王柏龄）若不脚底擦油溜得快，几乎被捉去。"

今朝有酒今朝醉

【释义】 指只求眼前享乐，不作长打算，也指得过且过，混一天算一天。

【例句】 陆地《瀑布》："有钱就大吃大喝，今朝有酒今朝醉，没了钱就东挪西借，到处打秋风。"

近朱者赤，近墨者黑

【释义】比喻接近好人使人变好，接近坏人使人变坏，指人很容易受到外界环境的影响。朱：朱砂，红色颜料。赤：红色。

【例句】吴承恩《西游记》第二十二回："常言道：'近朱者赤，近墨者黑。'那怪在此，断知水性。"

井水不犯河水

【释义】比喻彼此互不干扰，互不侵犯。

【例句】《红楼梦》第六十九回："秋桐便气的哭骂道：'理那饿死的杂种，混嚼舌根！我和他井水不犯河水，怎么就冲了他。'"

井底之蛙

【释义】比喻人见识短浅。

【例句】《草庐记》十一："什么卧龙！乃是井底之蛙，妄自尊大，止不过一耕夫耳！"

酒囊饭袋

【释义】形容人只会吃喝，没有本事。

【例句】石玉昆《三侠五义》第六十回："这样的酒囊饭袋之人，也敢称个'侠'字，真真令人可笑！"

酒后吐真言

【释义】指酒后所说的话，往往都是真心话，也指酒后失去理智，容易说出真情。

【例句】李荣德、王颖《大雁山》："他利用敌人'酒后吐真言'，为我们探听得了一些秘密情报。"

君子报仇，十年不晚

【释义】 意为有志之士报仇雪恨，不必性急，做好充分准备，掌握有利时机后也不迟。

【例句】 李晓明等《破晓记》六回："常言说：'君子报仇，十年不晚。'等大少回来再跟他们算账。"

君子不夺人之美

【释义】 有修养的人不夺取别人爱的东西。

【例句】 张恩忠《龙岗战火》："渡边荣司新官上任，踌躇满志，野心勃勃，想在山口面前露一鼻子，来个开市大吉。我们呢，'君子不夺人之美'，干脆把龙岗撂给他！"

君子不念旧恶

【释义】 有修养的人不记过去的怨恨。

【例句】 《西游记》三一回："师兄是个有仁义的君子，君子不念旧恶，一定肯来救师父一难。"

君子一言，快马一鞭

【释义】 指为人要讲信用，一言出口，决不反悔。

【例句】 《续孽海花》三二回："君子一言，快马一鞭！咱们处了多年，你看见我有过烂小人的行为么？"

君子协定

【释义】 比喻双方达成的彼此承诺的条件。

【例句】 蒋子龙《乔厂长上任记》："我可以答应你，只要你以后不后悔。不过丑话说在前边，咱们定个君子协定，什么时候你讨厌我了，就放我回干校。"

军中无戏言

【释义】 指军令严肃，言出必行。

【例句】 吴强《堡垒》："陆长安赶紧跟上一句：'区长！军中无戏言！'马国本干脆地说，'那当然！好汉一言，快马一鞭！'"

K

开场白
【释义】 本指戏曲或文艺演出开场时引入本题的道白。比喻文章或讲话的开头。

【例句】 罗广斌、杨益言《红岩》："他准备选择一项重要新闻来作为开场白，以便引起与会记者的注意。"

开中药铺
【释义】 比喻讲话、写文章只一味罗列条款而无实际内容。

【例句】 毛泽东《反对党八股》："党八股的第五条罪状是：甲乙丙丁，开中药铺。"

开后门
【释义】 通过不正当途径办事，或借助私人关系办事。

【例句】 高晓声《李顺大造屋》："你可不能动摇，不要以后碰到交情比我深的，面子比我大的，就帮他们开后门。"

看家本领
【释义】 比喻特别擅长，别人难以胜过的本领。

【例句】 刘绍棠《花街》："叶三车是个能工巧匠，耕、耩、锄、耪是他的看家本领。"

看菜吃饭，量体裁衣
【释义】 比喻要根据具体的情况解决问题。

【例句】 毛泽东《反对党八股》："俗话说：'到什么山上唱什么歌。'又说：'看菜吃饭，量体裁衣。'我们无论做什么事都要看情形办理。"

空头支票
【释义】 比喻不会被兑现的诺言。

【例句】 老舍《四世同堂》："老二于是就不敢再多说什么，而只好向同事们发空头支票，他对每个同事都说过：'过两天我也请客！'可是永远没兑过现。"

空心萝卜

【释义】　比喻徒有其表而无内涵的人。

【例句】　王润滋《内当家》："别看他们咋呼老百姓吹胡子瞪眼睛挺有能耐，其实呀，都是些空心萝卜。"

口没遮拦

【释义】　形容说话时不假思索，有什么说什么，藏不住话。

【例句】　陆采《怀香记》："我本欲说与他知，又恐女孩儿家口没遮拦，倘露于外，不当稳便。"

苦肉计

【释义】　故意伤害自己以蒙骗对方的计策。

【例句】　马烽、西戎《吕梁英雄传》："原来桦林霸用的是苦肉计，敌人来了，虽然到过他家里，但并未烧他的房子。"

夸海口

【释义】　漫无边际地说大话。

【例句】　刘绍棠《小荷才露尖尖角》："老头子夸下海口，我也不是小肚鸡肠，只要文芊跟碧莲有情有义，懂得孝顺我们老两口子，我就心满意足了。

快刀斩乱麻

【释义】　比喻果断而迅速地处理复杂问题。

【例句】　刘绍棠《凉月如眉桂柳湾》："那我就当你的代言人！ 快刀斩乱麻是刘某的一贯作风，不等艾蒿同意，拔腿就走。"

宽心丸儿

【释义】　比喻令人宽慰的话或事。

【例句】　浩然《艳阳天》："马凤兰拍着大腿说：'怪事儿，怎么会越来越好了呢？你别给我宽心丸儿吃啦！'"

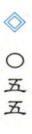

L

拉长脸

【释义】 形容满脸不高兴。

【例句】 李建彤《刘志丹》："杜康无理可辩，把勾子眼一瞪，哼了一声，又耷拉下眼皮，把脸拉得更长，一句话不说，一股子粗气憋了回去。"

拉关系

【释义】 为某种目的联络，拉拢人。

【例句】 张聂尔《隐秘的角》："人家不食人间烟火，像你，成天想着做买卖，拉关系。"

拉后腿

【释义】 比喻利用关系或感情拖累别人。

【例句】 刘江《太行风云》："春燕瞟瞟眼说：'你不要跟俺说这些啊！人家可不担那拉后腿的名声。你走一辈，俺等你一辈还不行？'"

拉下马

【释义】 比喻使别人垮台。

【例句】 梁斌《翻身纪事》："自从减租增资，把老地主拉下马来，打得他匍匐在地了。"

拉下水

【释义】 使别人跟着一起受罪或堕落。

【例句】 郎澜《铁道前哨》："至于小九九，尽管也跟随他们干了一些坏事，搞过些投机倒把活动，但毕竟是被拉下水，受了利用的。"

来而不往非礼也

【释义】 在礼节上要注重有来有往，这样关系才更亲密。也指彼此相互对待的行为。

【例句】 龚昌盛《沉浮》："天下哪有这样不自觉的人！来而不往非礼也。待我来考考这秃驴，看他肚子里到底有多少墨水！"

癞狗扶不上墙

【释义】 比喻人懦弱无能，扶持不起来。

【例句】 《红楼梦》第六十八回："凤姐气的骂道：真是他娘的话！怨不得俗话说，'癞狗扶不上墙'的！你细细说给他：'就告我们家谋反也没要紧！'"

癞蛤蟆想吃天鹅肉

【释义】 比喻痴心妄想，异想天开。

【例句】 《红楼梦》第十一回："平儿说道：'癞蛤蟆想吃天鹅肉，没人伦的混账东西，起这样念头，叫他不得好死！'"

烂摊子

【释义】 比喻难以收拾的局面。

【例句】 姚雪垠《李自成》："快吃午饭！吃过饭我就去石门谷收拾这个烂摊子，免得官军一到就来不及了。"

狼上狗不上

【释义】 比喻人心不齐，行动不一致。含贬义。

【例句】 姚雪垠《李自成》："官军虽说人多，一到打起硬仗时，狼上狗不上，有几个真心卖命的？"

浪子回头金不换

【释义】 指不务正业的浪荡子一旦变好了，十分宝贵。

【例句】 欧阳山《苦斗》："岂止是亲兄弟，比亲兄弟还亲多了呢！正像俗话说的：浪子回头金不换！我就要割五斤肉，打十斤酒，贺他一贺！"

捞一把
【释义】 指用不正常的手段获取利益。
【例句】 李准《冬天的故事》："另外，这搞副业，不管哪一宗，都是和钱打交道，哼！可有些人打算捞一把！"

捞油水
【释义】 比喻获取不正当的额外收入。
【例句】 张天翼《畸人手记》："总而言之，他无处不想捞点油水。就说我那次补行婚礼罢，他总有七八块上了腰。"

老掉牙
【释义】 形容事物、言论等陈旧过时。
【例句】 徐迟《哥德巴赫猜想》："雄健、爽朗、富于幽默感的陈毅同志，用他的四川口音说，你们这些建筑物老掉牙啦！"

老虎戴念珠，假充善人
【释义】 比喻恶人假装成好人。
【例句】 《施公案》："郑剥皮连忙用力把他的刀架住，高声叫道：'六哥，你别伤他性命，那里不是行好呢！'"山东王闻听大怒，说：'你是老虎戴念珠，假充什么善人！'"

老虎还有个打盹的时候
【释义】 比喻再强的人也免不了有疏忽松懈的时候。
【例句】 谌容《光明与黑暗》一六："俗话说，老虎还有个打盹的时候。我稍一照顾不到，这帮家伙就钻空子。"

老黄牛
【释义】 比喻踏踏实实勤勤恳恳工作的人。
【例句】 朱苏进《第三只眼》："要说搞生产，他真是头老黄牛，良种的。"

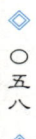

老将出马，一个顶俩

【释义】 指老年人或经验多的人，办事效率高。

【例句】 袁静《淮上人家》："嗨！你也这么说'老将出马，一个顶俩'。你爹给人扳了十几年的船，识水性啊，这一条就比你们强吧？"

老古董

【释义】 比喻陈旧过时的人或物。

【例句】 于敏《第一个回合》："唐景秀不由得心里一动，人进了新社会，脑子里的老古董还真不少哩！"

老皇历

【释义】 比喻过时陈旧的事物。皇历：历书，也作黄历。

【例句】 马识途《最有办法的人》："老弟，生意场中的老皇历，'逢贱莫懒，逢贵莫赶'，还用得着哩！"

老牛拉破车

【释义】 形容速度太慢，效率太低。

【例句】 马烽《临时收购员》："我想收购工作也不能再老牛拉破车了，我们下决心好好完成上级规定的指标。"

老鼠钻风箱，两头受气

【释义】 比喻两头不讨好，落埋怨或两头挨打

【例句】 周立波《山乡巨变》下九："谢庆元像是老鼠钻风箱，两头受气，气得跟鸭公子一样，喉咙都嘶了，倒在床铺上，哼天哼地。"

乐极生悲，否极泰来

【释义】 快乐到极点，转而发生悲哀的事情；亨通到极点，就会转化为不利。指在一定的条件下，好事坏事可以互相转化。

【例句】 《水浒传》第二十六回："常言道：'乐极生悲，否极泰来。'光阴迅速，前后又早四十余日。"

雷声大，雨点小

【释义】 比喻声势大，行动少，或说得好，做得差。

【例句】 李六如《六十年的变迁》："这一回，少英有所顾忌，故只作了一个雷声大、雨点小的样子，用竹板在儿子身上轻轻地敲了几下，训斥一番，就完事。"

冷不防

【释义】 没防备，一点都没有预料到。

【例句】 马识途《找红军》："我和太太两个爬上石坎一看，全都明白了。是他在背后冷不防给了那排长一枪，把他打死了。"

冷血动物

【释义】 比喻人冷漠无情。

【例句】 秦兆阳《女儿的信》："我最讨厌那些冷酷无情的冷血动物。"

愣头青

【释义】 做事鲁莽的人。

【例句】 刘江《太行风云》："怎么你是这么个愣头青！专做这号惹人不入眼的事情！"

里外不是人

【释义】 指里外都不落好，到处受埋怨被指责。

【例句】 王忠瑜《惊雷》："长发，这一次你可不能像继宗那样，要是那样，你可就闹个里外不是人了！"

立军令状

【释义】 对自己的许诺作出保证。

【例句】 汪浙成、温小珏《土壤》："去年四百万斤总产的'军令状'立在那里，就是倾家荡产也得完成！"

连锅端

【释义】 比喻全部除掉或移走。

【例句】 陈大远《蟠龙山》："三连突到伪营部，敌人一下乱了天。一声枪响腿发软，两声枪响眼发蓝，三声枪响求饶命，四声枪响连锅端。"

良药苦口利于病，忠言逆耳利于行

【释义】　好药虽苦，有利于治病；忠诚的劝告听起来刺耳，却有利于行动。

【例句】　王炎《汾河湾》："你不要听了这话不高兴，俗话说，'良药苦口利于病，忠言逆耳利于行'。我问你，你好好看这个计划来没有？"

两耳不闻窗外事，一心只读圣贤书

【释义】　指专心致志读书，不关心其他事。

【例句】　姚雪垠《李自成》："存仁，你这个人只晓得读书，真是'两耳不闻窗外事，一心只读圣贤书'。外边的事你不打听，只怕耽误了你的举业。"

两眼一抹黑

【释义】　比喻什么人也不认识，什么情况也不了解。

【例句】　海翁《进城》："在这里我是两眼一抹黑，一个熟人也没有，只好看我的运气了。"

两肋插刀

【释义】　甘愿牺牲一切。

【例句】　浩然《艳阳天》："大哥，你有什么难处尽管对我讲，为乡亲我两肋插刀，能帮忙一定帮忙。"

量小非君子，无毒不丈夫

【释义】　气量小的人称不上君子，除敌不狠的人算不得大丈夫。

【例句】　罗广斌、杨益言《红岩》："徐鹏飞也大笑起来，心里不禁浮现出一句被他奉为经典的格言——量小非君子，无毒不丈夫。"

撂挑子

【释义】 比喻丢下应担负的工作，不干了。

【例句】 王东满《漳河春》："田茂春这人，闹意见是闹意见，工作上却不撒手，不撂挑子。"

临时抱佛脚

【释义】 比喻平时不作准备，临时慌忙应付。

【例句】 李汝珍《镜花缘》第十六回："明岁得与观风盛典，尚有几希之望，所以此时都在此赶紧用功。不瞒二位大贤说，这叫作'临时抱佛脚'。"

临死还找个垫背的

【释义】 比喻连累别人或自己也不放过仇人。

【例句】 王英先《枫香树》："谢惠怕共产，说是结婚后就把他的一半财产送给那个年轻娃了。'真毒辣！临死还找个垫背的。'"

临渊羡鱼，不如退而结网

【释义】 在水边空想鱼的肥美，不如回家结网来捕鱼。比喻与其不切实际地空想，不如动手行动。临：面对。渊：深水潭。羡：想得到。

【例句】 《后西游记》第二回："我想，'临渊羡鱼，不如退而结网'。如今之计，莫若也学老大圣西海去求仙成道，那时定有妙用。"

临阵磨枪

【释义】 比喻平时没准备，事到临头才匆忙应对。

【例句】 曹雪芹《红楼梦》第七十回："王夫人便道：'临阵磨枪，也不中用。有这会子着急，天天写写念念，有多少完不了的。'"

另起炉灶

【释义】 比喻另外搞一套。

【例句】 夏敬渠《野叟曝言》第六十三回："东阿义士久闻其名。他专断靳家钱粮，不取商民财物，小人们也想与他通连。今既受恩爷号令，便不须另起炉灶矣！"

六亲不认

【释义】 指对所有的亲戚一概不理睬。形容人没有情义或不讲情面。六亲：一般指父、母、兄、弟、妻、子，泛指亲属。

【例句】 冯德英《苦菜花》三章："我丢了差事去找他，他不惟不帮忙，反倒六亲不认了。"

庐山真面目

【释义】 比喻人的本性或事物真相。

【例句】 夏敬渠《野叟曝言》第四十七回："善作诗今只一家，真是夫子自道，待野拙细细解出，方见庐山真面目也。"

炉火纯青

【释义】 道家炼丹，到炉中火焰呈蓝色时即表明丹已炼成。比喻技艺纯熟、登峰造极。

【例句】 曾朴《孽海花》第二十五回："到了现在，可已到了炉火纯青的时候，正是弟兄们各显身手的时期。"

卤水点豆腐，一物降一物

【释义】 盐卤加在豆汁上就会使其凝结为豆腐。指一种事物可制伏另一种事物。比喻总有可以制服的人或物在。

【例句】 金敬迈《欧阳海之歌》四章一九："'三比零！好哇，强中更有强中手，能人之外有能人！'小黄高兴地喊着：'卤水点豆腐，一物降一物。'"

露狐狸尾巴

【释义】 比喻露出破绽、暴露真相。

【例句】 王浚卿《冷眼观》第十一回："你怎么不把事情结清了，闹得这样惊天动地的？倘叫今日有一宗正经事在手里，岂不要露狐狸尾巴给人家瞧吗？"

露马脚

【释义】 比喻无意之中泄露了秘密，暴露了真相。

【例句】 张恨水《金粉世家》第一百〇六回："是与不是，我哪里知道？不过你自己说话，有些前后不能关照，露出马脚来了。"

乱弹琴

【释义】 比喻胡闹乱来气。

【例句】 陈大远《蟠龙山》："老陆，你真乱弹琴，我们不是上学习课，什么根据不必讲了，干脆讲你的方案吧！"

落汤鸡

【释义】 形容浑身湿透的人。

【例句】 周立波《暴风骤雨》："萧队长说：看见'中央军'了吗？"刘德山笑着说："看见了，一个个像落汤鸡似的。"

M

马大哈

【释义】 形容粗心大意的人。

【例句】 赵延章《第二方案》："这是哪个马大哈看的马群？ 马子惊了连个追的人都没有。"

买卖不成仁义在

【释义】 买卖虽然没有成交，但互彼此还要讲仁义，不要伤了感情。也比喻事情没办成，但彼此不要伤了和气。

【例句】 张长弓、郑士谦《边城风雪》："老油条冲着人群一抱拳：'诸位！ 买卖不成仁义在，别出口伤人啊！'"

卖狗皮膏药

【释义】 比喻说假话或耍贫嘴。

【例句】 浩然《艳阳天》："孙桂英说：'人家还急着走哪，你别卖狗皮膏药了行不行呀？'"

卖关子

【释义】 旧时说书人讲到关键处就煞住，以吸引听众下次接着听。比喻做事、说话在关键时刻故弄玄虚，使对方急着央求自己。

【例句】 袁静《淮上人家》三章一〇："水牛急巴巴地说：'别卖关子了，你快说吧！'"

卖人情

【释义】 为了让人感谢自己而故意给人好处。

【例句】 茅盾《我走过的道路》："陈独秀在警察厅关押了三个月，几个在北京的安徽老政客连名具保，吴炳湘卖个人情，放了陈独秀。"

满壶全不响，半壶响丁当

【释义】 比喻有真才实学的不轻易发表言论，知识浅薄、一知半解的人往往夸夸其谈，卖弄自己。

【例句】 阳翰笙《为繁荣戏剧创作而努力》四："中国有句话：'满壶全不响，半壶响丁当。'半瓶子醋，又乱批评或瞎指挥，难免要出乱子。"

满招损，谦受益

【释义】 骄傲自满会招来损失，谦逊虚心可以获得益处。

【例句】 冯梦龙《警世通言》卷三："海鳌曾欺井内蛙，大鹏张翅绕天涯。强中更有强中手，莫向人前满自夸。这四句诗奉劝世人虚己下人，勿得自满。古人说得好，道是'满招损，谦受益'。"

慢工出细活

【释义】 事情做得慢就能做得精细。比喻做事不能急于求成。

【例句】 李满天《水向东流》第二十九章："万福没好气，吧哒着干嘴巴说：'扎乎什么，小兔崽子，郎当干的多，慢工出细活。'"

盲人骑瞎马

【释义】 比喻处境极危险，也比喻盲目行动。

【例句】 鲁迅《坟·寡妇主义》："所以托独身者来造贤母良妻，简直是请盲人骑瞎马上道，更何论于能否适合现代的新潮流。"

没吃过猪肉，也见过猪跑

【释义】 比喻虽没有亲身经历过，但至少也听说过，多少也懂一点。

【例句】 《红楼梦》第十六回："孩子们都这么大了，'没吃过猪肉，也见过猪跑'。大爷派他去，原不过是个坐纛旗儿，难道认真的叫他讲价钱会经纪去呢！"

没有不透风的墙

【释义】 比喻没有永不泄露的秘密。

【例句】 戴厚英《人啊，人》："这你就不用瞒我了，我什么都知道。没有不透风的墙。"

没有过不去的火焰山

【释义】 语本《西游记》中的唐僧取经故事：唐僧去西天取经，路过火焰山，孙悟空借来了铁扇公主的芭蕉扇，扇灭了大火，除掉了妖怪，才继续进发。比喻没有克服不了的困难。

【例句】 姜树茂《渔港之春》："只要依靠群众，就没有过不去的火焰山，胜利一定属于我们。"

没有金刚钻子，不敢揽瓷器活

【释义】 比喻没有过硬的本事，就不要承担重任。

【例句】 刘流《烈火金钢》第十八回："虽然有的名词儿不懂，可也听着好听，怪不得他敢代表共产党到这儿来，这真是没有金刚钻子，不敢揽瓷器活啊！"

名师出高徒

【释义】 指有名望的老师能培养出技艺高超的徒弟。

【例句】 张国庆《亲仇》："'这个师傅认得好，一定是名师出高徒！'谢成一句话，逗得人们哈哈大笑。"

明珠暗投

【释义】 比喻怀才不遇或好人失足参加坏集团，也指珍贵的东西落到不识货的人手里。

【例句】 罗贯中《三国演义》第五十七回："统曰：'吾欲投曹操去也。'肃曰：'此明珠暗投矣，可往荆州投刘皇叔，必然重用。'"

摸着石头过河

【释义】 比喻办事要稳妥可靠，有把握。

【例句】 雪川《改革刍议》："改革吗，就要摸着石头过河，但也不能谨小慎微，原地踏步。"

磨杵成针

【释义】 比喻只要有恒心，再难的事也能做成。杵：舂米或捶衣的棒。

【例句】 《续西厢》七："感激着磨杵成针，猛拼着坚心慕道，断不是轻薄桃花逐水漂。"

磨刀不误砍柴功

【释义】 比喻事前做好准备，不但不会影响工作反而会加快工作进程。

【例句】 王英先《枫香树》二九："王洪高兴地对龙眼说：'真是磨刀不误砍柴功。好，你讲第二个问题吧！'"

磨破了嘴唇

【释义】 指费了许多口舌。

【例句】 张孟良《儿女风尘记》："赵森坚决要去日本当军官。任凭小马和王生千言万语，磨破了嘴唇，他毫不回心转意。"

抹了一鼻子灰

【释义】 比喻碰壁受阻，落个没趣。

【例句】 曹雪芹《红楼梦》第六十七回："赵姨娘来时，兴兴头头，谁知抹了一鼻子灰。"

谋事在人，成事在天

【释义】 旧时认为事情靠人来谋划，能不能办成事情则取决于天意。意为事情无论成败，都要尽力而为。

【例句】《红楼梦》第六回："刘姥姥道：'这倒也不然。谋事在人，成事在天，咱们谋到了，靠菩萨的保佑，有些机会，也未可知。'"

N

拿得起，放得下

【释义】既能承担，也能大度地放弃。形容人胸怀宽阔，处事灵活。也形容人不但能接受某种工作，而且能将其圆满地完成。

【例句】张贤亮《肖尔布拉克》："这陕北姑娘是个好姑娘，人勤快，针线锅灶都能拿得起，放得下，跟邻居没有一句闲话。"

拿着鸡毛当令箭

【释义】指听了有权势者无关紧要的只言片语，就拿来发号施令。也指拿上级的话压制人。

【例句】安塞《乡中纪事》："李大嘴气哼哼地说：'郭书记，您虽是父母官，但也不能拿着鸡毛当令箭。'"

拿人钱财，为人消灾

【释义】得了别人的好处，就要为人排忧解难。

【例句】司马文森《风雨桐江》："那许德笙虽然对林雄模委托的任务，还有点拿不下主意，但'拿人钱财，为人消灾'，二次在为民镇见面时，就对林雄模抛出不少机密。"

哪个耗子不偷油

【释义】旧时指男子多好色，难免会偷情。

【例句】《红楼梦》第九十一回："只是奶奶那儿想罢咧，我倒是替奶奶难受。奶奶要真瞧二爷好，我倒有个主意，奶奶想，'哪个耗子不偷油'呢？"

哪个人前不说人

【释义】指议论人是司空见惯的普遍现象，不必介意。

【例句】武剑青《流星》："嘴巴长在人的脸上，随他说去，哪个人前不说人！"

哪壶不开提哪壶

【释义】 比喻故意提及别人怕提起的，让人难堪。

【例句】 路亚《窗外霜花》："真是哪壶不开提哪壶。孙老歪年轻时就打过铁力妈的主意，这谁都知道。"

哪里黄土不埋人

【释义】 指死在哪儿都没关系。也指在哪里都能生活下去。

【例句】 梁斌《红旗谱》："一年到头连一个大钱也省不下，甭说是回家。我想这一辈子不回家了，哪里黄土不埋人。"

男大当婚，女大当嫁

【释义】 男女到了一定的年龄就该谈婚论嫁，这是人之常情。

【例句】 《冰心文集》："X先生，让我问你一句话，你们东方人不是主张'男大当婚，女大当嫁'的吗？为何你竟然没有结婚，而且你还是个长子？"

男儿有泪不轻弹

【释义】 指男子汉要坚强，不能轻易掉眼泪。

【例句】 戴厚英《人啊，人》："我抓住他的手，哭了。我很少哭。男儿有泪不轻弹，只因未到伤心处。"

男怕入错行，女怕嫁错郎

【释义】 男人怕干错了行业，女人怕嫁错了丈夫。意为找工作，找爱人，都是一辈子的大事，弄错了会造成终身遗憾。

【例句】 "俗话说：男怕入错行，女怕嫁错郎。刚认识一个月就准备结婚，是不是太草率了点儿？"

泥牛入海，永无消息

【释义】比喻一去不复返，永远没有消息。

【例句】吴趼人《二十年目睹之怪现状》第七回："此时那两个钱庄干事的人，等了好久，只等得一个泥牛入海，永无消息，只得写信到上海去通知。"

泥菩萨过河，自身难保

【释义】比喻自己都保不住，何以能顾得上别人。

【例句】李六如《六十年的变迁》一三："在逃兵荒的时候，泥菩萨过河，自身难保。"

你敬我一尺，我敬你一丈

【释义】意为你对我的态度如何，我会加倍对你。

【例句】安危《我爱松花江》："唉，别闹误会啦！俗话说，你敬我一尺，我敬你一丈。都是自己人，还用得着犯口舌啊？"

你走你的阳关道，我走我的独木桥

【释义】比喻各走各的路，各干各的事，互不相干。

【例句】克非《春潮急》："拆台散伙，账项分明。把手续交割弄清楚了，你走你的阳关道，我过我的独木桥。"

你一言我一语

【释义】指各抒己见，热烈讨论或争论。

【例句】张行《武陵山下》八六："整个飞行组的人都爬起来了。你一言我一语，一直商量到鸡叫头遍才确定了重点对象，研究好飞行路线。"

拈轻怕重

【释义】指接受工作时避重就轻。

【例句】毛泽东《纪念白求恩》："不少的人对工作不负责任，拈轻怕重，把重担子推给人家，自己挑轻的。"

鸟之将死，其鸣也哀；人之将死，其言也善

【释义】鸟快死了，其叫声是悲哀的；人快死了，说出的话也是善良的。

【例句】 罗广斌、杨益言《红岩》一三："俗话说：'鸟之将死，其鸣也哀；人之将死，其言也善。'我个人十分同情你们的心境，死了人，一时感情冲动，这本是在所难免的。"

捏着一把汗
【释义】 形容担心、害怕的紧张神情。
【例句】 张恨水《金粉世家》第七回："一会子工夫燕西来了。小怜却捏着一把汗，心想，不要他送我香水的事，少奶奶已经知道了。"

娘要嫁人，天要下雨
【释义】 比喻客观事物的发展变化有其自身的规律性，不是主观上能左右的。也比喻无可奈何，只好由它去。
【例句】 "你走吧！没关系，娘要嫁人，天要下雨，没有你课题照样搞下去。"

拧成一股绳
【释义】 比喻团结一心。
【例句】 李满天《水向东流》中二一："事情这么一摆，他才觉得当家人难当，慢说社里那么多人，就这一家子也难拧成一股绳。"

宁可犯天条，不可犯众怒
【释义】 告诫人们不要做触犯众人利益的事。
【例句】 姚鼎生《土地诗篇》："人家讲过：宁可犯天条，不可犯众怒。反抗百姓的事，不会有好下场！"

宁为鸡口，不为牛后
【释义】 宁可做鸡口小而洁，也不做牛后大而臭。比喻宁可在小范围内当家作主，也不愿在大地方受人支配。
【例句】 碧野《丹凤朝阳》："'宁为鸡口，不为牛后'，贾有富觉得自己是发电船之长，也是一个一呼百应的人物了。"

宁为玉碎，不为瓦全
【释义】 宁做美玉破打碎，不做瓦器得保全。比喻宁为正义、节操献身，也不愿苟且偷生。

【例句】 星遥《暗夜决战》："'宁为玉碎，不为瓦全'，别人可以不吭气，但我不能这样沉默下去。"

宁可信其有，不可信其无

【释义】 比喻为应付突然事变而早做准备，以防万一。

【例句】 巴金《家》三六："你晓得我决不相信，然而我又有什么办法？ 他们都说'宁可信其有，不可信其无'啊！"

宁在直中取，不在曲中求

【释义】 宁愿采取正当的手段获得，不用非正当的手段去求取。

【例句】 《封神演义》二三回："岂可曲中而取鱼乎！ 非丈夫之所为也。吾宁在直中取，不向曲中求。"

牛不喝水强按头

【释义】 比喻强迫别人去做不愿意做的事。

【例句】 《红楼梦》第四十六回："家生女儿怎么样？ '牛不喝水强按头'吗？ 我不愿意，难道杀我的老子娘不成！"

牛皮不是吹的

【释义】 指不凭空说话，要看真本事。

【例句】 李满天《水向东流》中二〇章："牛皮不是吹的，火车不是推的，这碌碡摆在当场，跟你没交情，跟我没来往，没多的，也没少的，咱们比一比才见出谁真谁假。"

弄假成真

【释义】 本来是假装的，结果却变成真事。

【例句】 冯德英《迎春花》九："我大爷说要春玲成亲，无非是想以此把春玲的嘴封住，不叫儒春走。谁知弄假成真，他后悔也晚了。"

怒从心上起，恶向胆边生

【释义】 指心里发怒，胆子就大，产生惩治或报复的念头。

【例句】 施耐庵《水浒全传》第三十一回："武行者看了，怒从心上起，恶向胆边生，便想到：'这是山间林下出家人，却做这等勾当！'"

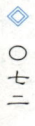

女为悦己容，士为知己死

【释义】 指女人为喜欢自己的人打扮，义士为了解自己、赏识自己的人出力效命。

【例句】 叶宪祖《易水寒》一："荆卿，常言道，女为悦己容，士为知己死，即当往见，幸勿多辞。"

女子无才便是德

【释义】 旧时衡量妇女德行的一种标准，提倡妇女一切要顺从，不必具有学识才干。

【例句】 褚人获《隋唐演义》第七十六回："人亦有言：男子有德便是才，女子无才便是德。盖以男子之有德者，或兼有才；而女子之有才者，未必有德也。"

女大三，抱金砖

【释义】 吉利话。旧指妻子比丈夫大会疼人，生活会越过越富裕。

【例句】 董玉振《精明人的苦恼》："大三岁不算大，女大三，抱金砖，正合婚。"

女大十八变

【释义】 指女孩子在发育成长过程中性情容貌变化很大，往往会变得更加美丽、漂亮。。

【例句】 《红楼梦》第七十八回："老太太挑中的人原不错，只怕他命里没造化，所以得了这个病。俗语又说：'女大十八变。'况且有本事的人，未免就有些调歪，老太太还有什么不曾经历过？"

拍马屁

【释义】 指谄媚奉承。

【例句】 《官场现形记》八回："看见陶子官派先生熏天，官腔十足，晓得是欢喜拍马屁、戴炭篓子的一流人。"

怕火的不是好铁匠

【释义】 比喻害怕艰险和困难就不是英雄好汉。

【例句】 周非《胡杨萧萧》："我们要像钉子一样钉在这里，不动摇，不后退，寸土不让。十里防线要永远踩在我们的脚下。怕火的不是好铁匠，让党考验我们吧！

攀龙附凤

【释义】 比喻投靠或巴结有权势、有威望的人。

【例句】 罗贯中《三国演义》第七十三回："方今天下分崩，英雄并起，各霸一方，四海才德之士，舍死忘生而事其上也，皆欲攀龙附凤，建立功名也。"

盘根错节

【释义】 树根盘绕，枝节交错。比喻事情繁难复杂。错：交错。节：茎上长出枝叶的部位。

【例句】 徐特立《毕业歌》："莫谓乡村阻力多，盘根错节须能手。"

抛到九霄云外

【释义】 比喻扔到一边，不管不顾，或忘得一干二净。九霄：天的最高处。

【例句】 邹韬奋《领导权》："这种人的心目中所认为领导权，只想到领导者，只知道有立于领导地位的少数个人，把大众抛到九霄云外！"

跑得了和尚跑不了庙

【释义】 比喻事情还在，逃脱不了。

【例句】 欧阳山《苦斗》七一："你跑得了和尚跑不了庙！躲了又怎？从今天起，咱们一家都团团圆圆地过日子，谁也不许走开！"

赔了夫人又折兵

【释义】 比喻想占便宜，反而遭到双重损失。

【例句】 《三国演义》第五十五回："周瑜急急不得船时，岸上军士齐声大叫曰：'周郎妙计安天下，陪了夫人又折兵。'"

朋友妻，不可欺

【释义】 指朋友的妻子决不能欺辱，而应尊重。

【例句】 孔厥、袁静《新儿女英雄传》："他不是鬼鬼祟祟跟时来运合股作私贷买卖吗？可又偷偷摸摸糟蹋时来运的妻子，这算什么行为呢？古话说，朋友妻，不可欺。这位党老爷，简直连一点儿人性都没有啦。"

皮笑肉不笑

【释义】 形容虚伪做作假装笑脸。

【例句】 马春《龙滩春色》："独眼龙佯佯不睬地走到院子中心，瞪着一只贼眼扫了一圈，皮笑肉不笑地打了个哈哈：'都在这儿，好，好，正想请诸位哪！'"

皮之不存，毛将焉附

【释义】 皮不存在了，毛又长在哪里去呢？比喻人或事物失去了赖以生存的根本，就失去了一切。焉：哪里。

【例句】 姚雪垠《李自成》："倘若朕的江山不保，你们不是也跟着家破人亡？皮之不存，毛将焉附！"

便宜无好货，好货不便宜

【释义】 指货物的质量和价钱是成正比的，便宜的东西质量不好。

【例句】 刘沙《龙马精神》："韩芝种'才一个猪的价钱？'李十三：'便宜没好货，好货不便宜。走吧，走吧！'"

平时不烧香，临时抱佛脚

【释义】 比喻平时不做准备，事到临头慌忙应付。

【例句】 鲁迅《华盖集续编》："我现在才知道南池子的'政治学会图书馆'去

年'因为时局的关系，借书的成绩长进了三至七倍'，但他'家翰笙'却还用'平时不烧香，临时抱佛脚'十个字形容当今学术界大部分的状况。"

萍水相逢
【释义】　像水上浮萍，随水漂泊，聚散不定。比喻素不相识的人偶然相遇。
【例句】　王济《连环记》六："萍水相逢，不胜欣跃。乡兄久别，现居何处？何便至此？"

摸着石头过河
【释义】　比喻办事要稳妥可靠，有把握。
【例句】　雪川《改革刍议》："改革吗，就要摸着石头过河，但也不能谨小慎微，原地踏步。"

破镜难重圆
【释义】　比喻夫妻双方关系破裂或离异后，难以重新和好、团聚。
【例句】　闵国库《桅影》："刚开个头，两个人就谈崩了。看来，也许真是破镜难重圆了！"

Q

七大姑八大姨

【释义】 比喻众多亲戚女眷。

【例句】 安塞《乡中纪事》："大车晃晃悠悠地过来了，七大姑八大姨来了不少，但哪个是新媳妇，一下分不清。"

妻贤夫祸少

【释义】 指妻子贤惠，丈夫就少遭祸患。

【例句】《红楼梦》自古说"妻贤夫祸少"，"表壮不如里壮"，你但凡是个好的，他们怎敢闹出这些事来？

旗开得胜，马到成功

【释义】 常用作祝颂军队出征的吉祥话。也比喻事情一开始就进展顺利，获得成功。

【例句】 丁仁堂《渔》："吴中涵于是果断地说：'徐书记长，我今天夜间就提审犯人！'徐克敏站了起来：'祝你旗开得胜，马到成功！'"

骑虎难下

【释义】 比喻事情中途遇到困难，但为形势所迫，又难以中止，只得做下去。也形容进退两难。

【例句】 茅盾《子夜》一〇："本月三日抛出的一百万公债，都成了骑虎难下之势。"

骑驴看唱本，走着瞧

【释义】 比喻事情的结果难下结论，要看情况的变化才能决定。

【例句】 王英先《枫香树》四："别高兴得太早了，骑驴看唱本，走着瞧吧！"

千锤打锣，一锤定音

【释义】 比喻在民主的基础上集中，最后由领导者拿主意。

【例句】 李英儒《还我河山》："枫林说的有谱儿。千锤打锣，一锤定音，你快下个结论吧！"

牵一发而动全身

【释义】 比喻牵动其中一个很小的部分就会影响全局。

【例句】 雷特《特殊使命》："而今的上海滩，人和人之间像一个网，有千丝万缕的关系，到处都牵一发而动全身，你我弟兄还是和为贵吧！？

前不着村，后不着店

【释义】 前面不靠近村庄，后边不靠近客店。指旅途中远离人烟，无处食宿。也指陷入不上不下的困境。

【例句】 王恺《碧雾港》："现在可好！走了一半，留下一半，前不着村，后不着店，算怎么回事？"

前怕狼，后怕虎

【释义】 比喻做事瞻前顾后，顾虑重重，畏缩不前。

【例句】《冷眼观》一六回："从来干大事的人，像你这样前怕狼，后怕虎的，那还能做么？怪不得人说是秀才造反，三年不成呢！"

前人栽树，后人乘凉

【释义】 比喻前代的人为子孙后代造福。

【例句】《黄绣球》一回："俗语说得好：'前人栽树，后人乘凉。'我们守着祖宗的遗产，过了一生，后来儿孙，自有儿孙之福。"

前事不忘，后事之师

【释义】 指牢记以前的经验教训，为以后做事提供借鉴。

【例句】 巴金《重来马赛》："我们的古人也懂得'前事之不忘，后事之师'。今天却有人反复地在我们耳边说：'忘记，忘记！'为什么不吸取过去的教训？难道我们还没有吃够'健忘'的亏？"

前言不搭后语

【释义】 比喻说话前后不照应，也比喻不能自圆其说。

【例句】 袁静等《新儿女英雄传》二回："小组会上，大水下决心发言，憋出一身汗，前言不答后语，结结巴巴地说了一泼滩。"

俗

语

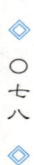

强龙不压地头蛇

【释义】 比喻外来人虽然厉害，但也难以制服当地的恶势力。

【例句】 姚雪垠《李自成》："我是三原人，强龙不压地头蛇，手下亲信又不多，怕万一保不了你的驾。"

强扭的瓜不甜

【释义】 比喻强迫办不好事情，多指男女的婚姻。

【例句】 路亚《新婚婆》："强扭的瓜不甜，一个巴掌拍不响，既然姑娘不愿意，你就不要坚持了，没有结果的。"

强中更有强中手，能人之外有能人

【释义】 强人之中还有更强的人。形容能人层不穷，不能自满逞强。

【例句】 金敬迈《欧阳海之歌》："哪想到小个子虚晃一枪，不等刘伟城下手，就猛地一拨，刘伟城只觉得手心一麻，左胸又是当的一声。'三比零！好哇，强中更有强中手，能人之外有能手！'小黄高兴地喊着。"

巧妇难为无米之炊

【释义】 再聪明能干的媳妇没有米也做不出饭来。比喻没有必须具备的要件，才能便无从施展，事情就难做成。

【例句】 茅盾《论无产阶级艺术》："'巧妇难为无米之炊'，批评材料缺乏，虽然天才的批评家恐亦难以见好。"

清官难断家务事

【释义】 指家庭内部的矛盾纠纷细微复杂，即使清正廉明的官吏也难以分辨是非，作出公正的判断。

【例句】《红楼梦》第八十回："如今又勾搭上丫头，被他说霸占了去，自己还要占温柔让夫之礼。——这魔魔法法究竟不知谁做的？ 正是俗语说得好，'清官难断家务事'，此时正是公婆难断床帏的事了。"

情人眼里出西施

【释义】 自己所钟情的女子，即使长相平常，也感到和西施一样美丽。

【例句】《红楼梦》第七十九回："一则是天缘，二则是'情人眼里出西施'。当年时又通家来往，从小儿都在一处玩过。亲是姑舅兄妹，又没嫌疑。"

求人不如求己

【释义】 指凡事请求别人帮助解决，不如自己想方设法去解决更有保证。

【例句】《红楼梦》第七十二回："俗语说得好：'求人不如求己。'说不得姐姐担个不是，暂且把老太太查不着的金银家伙，偷着运出一箱子来，暂押千数两银子，支腾过去。"

求爷爷，告奶奶

【释义】 形容低三下四地求人帮助。

【例句】 老舍《文博士》三："即使打听到此地有熟人，也不能一见面就开口借钱，不能被人家说出去，文博士到处求爷爷，告奶奶，那才好听！"

缺胳膊短腿

【释义】 形容人残疾或东西不完整。

【例句】 孔厥、袁静《新儿女英雄传》："何狗皮早炸得没影儿了，只有三四个缺胳膊短腿的伪军，也摔了个远，都震死了。"

燃眉之急

【释义】 像火烧眉毛那样急迫，比喻事情非常急迫。

【例句】 叶圣陶《前途》："此在目前，实救燃眉之急。"

惹不起，躲得起

【释义】 指不屑和蛮横的人理论是非曲直，不理他或躲开他。

【例句】 冯德英《山菊花》："难道他真没有坏心？唉，真有也罢，没有更好；惹不起，躲得起，今晚硬走怕惹她翻脸，明天一早上路。"

人非草木，岂能无情

【释义】 指人总是有感情的。

【例句】 《情变》四："人非草木，岂能无情？我和他从小儿耳鬓厮磨长大的，彼此情性，彼此都晓得。"

人多力量大，柴多火焰高

【释义】 指人多势众，团结起来力量大。

【例句】 周立波《山乡巨变》："人多力量大，柴多火焰高，将来大家都会过舒服日子。"

人活一张脸，树活一层皮

【释义】 指人活在世上应知道什么是羞耻，什么是光荣，要有个好名声。

【例句】 李国文《花园街五号》："那时不是讲觉悟，而是讲名声。俗话说：人活一张脸，树活一层皮，手艺人特别讲究名声。"

人活一口气

【释义】 指人活着要有志气。

【例句】 刘江《太行风云》："观音保说：'人活一口气，只要心上不受挟制了，我看即便是吃喝上差池些，也比受人折磨强。'"

人挪活，树挪死

【释义】 指人处于极端恶劣的境地，挪动地方就可以使处境有所改善。

【例句】 "人挪活，树挪死。你在这里这么多非议，不利于工作的开展，不如换个单位。"

人无远虑，必有近忧

【释义】 不作长远打算，就会有眼前的忧患。

【例句】 李良杰《人生》："参谋长，我真为你担心呀！人无远虑，必有近忧。远的事情，我求你不要再去想它，还是认真对待眼前发生的事情啊！"

人怕出名猪怕壮

【释义】 指人出了名，往往会招致各种麻烦，猪长肥了就会被屠。

【例句】 谌容《光明与黑暗》："我们队这几年黧出去了，多少做出一点小贡献，也算有了一点儿名气。真是'人怕出名猪怕壮'，谁想，就遭到一些人的嫉妒、打击，处处跟你为难。"

人怕没脸，树怕没皮

【释义】 人最怕不要脸面，不要脸面就什么坏事都干得出来。意为人要有廉耻之心。

【例句】 安塞《乡中纪事》："'人怕没脸，树怕没皮'，在刘明伦的眼里，乡干部都成了没皮没脸的人。"

人穷志短，马瘦毛长

【释义】 指人贫困，许多抱负都无法施展。说明经济基础很重要。

【例句】 张孟良《儿女风尘记》："俗语说：'人穷志短，马瘦毛长'，他父子少吃缺喝，只有红着脸皮向掌柜伸手。"

人生地不熟

【释义】 比喻人地两生，什么也不了解。

【例句】 慕湘《晋阳秋》他一个人，人生地不熟，叫他先碰碰钉子，吃吃苦头，等那股劲头下去了，再给他点甜头尝尝。。"

人生何处不相逢

【释义】 指人总要有见面的时候。也指办事要为他人留些情面，以便以后彼此好再见面。

【例句】 马昭《草堂春秋》："子美，人生何处不相逢，谁想到我会来到成都。"

人生一世，草木一秋

【释义】 人活一辈子，就和草长几个月一样。形容人生短暂，时间保贵，不可虚度。

【例句】 《水浒传》第十五回："阮小七又道：'人生一世，草木一秋。我们只管打鱼营生，学得他们过一日也好。'"

人是铁，饭是钢

【释义】 形容食物对于人来说十分重要，不吃饭就没有力气。

【例句】 张孟良《儿女风尘记》一部一三："老先生端着碗劝节说，'吃饭吧。人是铁，饭是钢。你又怀着孕，别伤了孩子。有什么事吃过饭再商议。'"

人往高处走，水往低处流

【释义】 比喻人总要不断上进，不断追求美好的生活。

【例句】 老舍《女店员》一幕三场："你，凌云，难道忘了你的外祖父中过举人，你的父亲作过中学校长？你怎么会想去卖针头线脑，三个钱的姜两个钱的醋呢？"

人为财死，鸟为食亡

【释义】 指人为谋取钱财而舍出性命，就像鸟为了觅取食物而丧生一样。

【例句】 阎丰乐《县委书记》："他坐在他那把办公椅子上，喝着开水，吃着药片，心里暗想：俗话说，人为财死，鸟为食亡。人活在世上，哪个不为穿衣吃饭忙活？"

人心不足蛇吞象

【释义】 人心不知足，就如同蛇想吞下大象一样，形容人贪得无厌。

【例句】 陆地《瀑布》："人心，人心！'人心不足蛇吞象'，你怎样满足得了？"

人心齐，泰山移

【释义】 比喻人们心齐力量大，什么困难都能刻服。

【例句】 潘保安《老二黑离婚》："人心齐，泰山移！十来年功夫，我们村就扑腾起来了！人多了，地多了，房多了，牲口多了。"

人有逆天之时，天无绝人之路

【释义】 人有做错事、不顺利的时候，老天却总是给人活路的。

【例句】 《醒世恒言》二十二："方知夜来所遇，真圣僧也。向佛前拜祷了一番，取了这锭银子，权为路费，径往长安。正是：人有逆天之时，天无绝人之路。"

【释义】 **肉烂在锅里**

【例句】 比喻好处没有让外人得去。

"反正肉烂在锅里，你得与他得还不是一个样，都该恭喜！"

【释义】 **如临深渊，如履薄冰**

【例句】 比喻十分小心谨慎。

李绿园《歧路灯》第五十八回："试看古圣先贤，守身如执玉，到临死时候，还是一个'如临深渊，如履薄冰'的光景。"

【释义】 **若要好，大做小**

指要想相处得融洽或更好地处理问题，就应该降低身分，对人谦让，或

【例句】 大事化小，小事化无。

《西游记》第七十八回："行者道：'若要好，大做小。'沙僧道：'怎么叫做大做小？'行者道：'若要生命，师作徒，徒作师，方可保全。'"

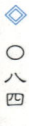

三寸不烂之舌

【释义】 形容能说会道，善于辩论。

【例句】 罗贯中《三国演义》第四十二回："亮借一帆风，直至江东，凭三寸不烂之舌，说南北两军互相吞并。"

三个臭皮匠，顶个诸葛亮

【释义】 比喻人多出智慧，遇事有主意。

【例句】 草明《原动力》六章："三个臭皮匠，顶个诸葛亮，人多主意高，再说，活是靠大伙的，他们自己说定的，还能不干？"

三句话不离本行

【释义】 指人们言谈话语的内容，总离不开自身所从事的行业。

【例句】 峻青《老交通》："俗话说：'三句话不离本身'，那我就讲个咱们这一行当的故事吧。"

三天不打，上房揭瓦

【释义】 比喻一时不管就要做出越轨的事。

【例句】 伍杰《山路崎岖》："小小的娃儿，三天不打，上房揭瓦，该罚就罚，该打就打。跟他们搞武的，莫斯文，他们就怕了，这还没得办法！"

三天打鱼，两天晒网

【释义】 比喻做什么都缺乏毅力，时断时续，没有恒心。

【例句】 梁斌《播火记》："要是锄板上满铁锈，就说你是借了张锄来趁大价儿，要不就说你是三天打鱼两天晒网的好手，耪不出好地来。"

三下五除二

【释义】 本为珠算运算口诀。形容做事干净利落，也指痛快、迅速地解决问题。

【例句】 李英儒《野火春风斗古城》二二章："说着他放下筷子，搬过一把凳子，三下五除二把枪拆开，将大簧调了调头，用力捺了捺，不到两分钟，把枪修理好。"

砂锅捣蒜，一锤子买卖

【释义】 比喻不管好坏，反正就是一次。"捣"又作"砸"。"锤子"又作"杵子"。

【例句】 李英儒《野火春风斗古城》："应该营救受难的同志，也不是砂锅捣蒜一锤子买卖。留人问题可以留，从条件上看，留下燕来比较合适。"

杀鸡给猴看

【释义】 比喻严惩一个人或一部分人而给其他人看，以达到恐吓的目的。

【例句】 毕方、钟涛《千重浪》："明摆着，这是杀鸡给猴看，这一斧子实际是冲自己来的，却削到了方亮身上。"

杀鸡焉用牛刀

【释义】 比喻办小事情，不必用很大的力量。也指不要大材小用或小题大作。

【例句】《论语·阳货》："子之武城，闻弦歌之声。夫子莞尔而笑曰：'割鸡焉用牛刀！'"

杀人偿命，欠债还钱

【释义】 杀了人就得偿命，欠人家债就得还人家钱。比喻种下了什么恶果，就该受到什么惩罚。

【例句】 金敬迈《欧阳海之歌》："走呵走呵！这有什么事好看的？'杀人偿命，欠债还钱'，这是老规矩。"

山重水复疑无路，柳暗花明又一村

【释义】 眼前又有了新道路。比喻事情有了新的转机，有了新的希望。这是陆游《游山西村》诗句。"山重水复"又作"山穷水尽"。

【例句】 王恺《碧雾港》"山重水复疑无路，柳暗花明又一村"，绕过险崖，眼前豁然开朗，宽阔的航道又伸展在眼前了。

山高皇帝远

【释义】 指偏远之地，政府的权力难以达到。

【例句】 冯德英《山菊花》："咱这地方山高皇帝远，村里也没财主，官府的人，除去每年收两次捐税，平常到不了。"

山中无老虎，猴子称大王

【释义】 比喻当时没有杰出的人物，一般的人也就出了名，成了有影响的人物。

【例句】 罗丹《风雨的黎明》："'山中无老虎，猴子称大王。'石宝树说道：'你不要瞅这官僚这么凶。邓少风来时，他可矮得只剩下三寸，像一条小狗一样跟着。'"

善恶到头终有报，只争来早与来迟

【释义】 旧指做好或作恶，终究都有报应，只是有早有迟。

【例句】《醒世恒言》三十九：须臾之间，百余和尚，齐皆斩讫，犹如乱滚西瓜。正是：善恶到头终有报，只争来早与来迟。

上天无路，入地无门

【释义】 形容处境窘迫，走投无路。

【例句】 张行《武陵山下》八七："现在是人民坐天下，聂罗跑那么远都抓回来了，你想跑，上天无路，入地天门，不要做那个梦了！"

上有天堂，下有苏杭

【释义】 指苏州、杭州物产丰富，风景秀丽，可与天堂媲美。苏杭：苏州、杭州。

【例句】 蘧园《负曝闲谈》第一回："俗语说得好：上有天堂，下有苏杭。单说这苏州，自从吴王阖闾筑了城池，直到如今，那些古迹，都班班可考，不要说什么唐、宋、元、明了。"

上知天文，下知地理

【释义】 形容学识渊博。

【例句】 《老舍剧作选》：您这么有学问，可是住在我这里，天天念经，干不出去作点事呢？

少壮不努力，老大徒伤悲

【释义】 青春年少时不努力学习，年老时无所作为就会后悔莫及。劝诫人要珍惜青春年华，奋发向上。

【例句】 白居易《乐府诗集·长歌行》："百川东到海，何时复西归？少壮不努力，老大徒伤悲。"

舍不得孩子，套不住狼

【释义】 比喻不做出重大牺牲或不付出很大的代价，就不能得到好处或达到更重要的目的。

【例句】 雪克《战斗的青春》四章四："对！对！对！舍不得孩子，套不住狼。是这样！就是这样！"

舍得一身剐，敢把皇帝拉下马

【释义】 指只要有不怕牺牲的大无畏精神，什么事情都敢做。

【例句】 沈顺根《水下尖兵》："干革命不会一帆风顺的。舍得一身剐，敢把皇帝拉下马，天塌下来我也敢顶！"

舍命陪君子

【释义】 指不惜牺牲性命奉陪别人从事力不从心或力不能及的事。

【例句】 刘江《太行风云》："心想，往后你要遇上困难，只要我观音保能办，一定舍命陪君子。"

射人先射马，擒贼先擒王

【释义】 指要使敌方解体，要先擒住他的首领。也比喻做事要抓住要害。

【例句】 吴强《红日》九章三七："射人先射马，擒贼先擒王。知道不知道？记住！碰到骑马的敌人，就是先打马后打人。"

伸手不打笑脸人

【释义】 不打笑脸相迎的人。

【例句】 张恨水《丹凤街》第十四章："有道是伸手不打笑脸人，他老远的一路作揖走了进来，你还能好意思把他怎么样吗？"

身在曹营心在汉

【释义】 《三国演义》中记载关羽和刘备失散后身陷曹操军营中，而心却怀念故主刘备。比喻人忠于故旧，也比喻人在此处，而心却向着另一方。

【例句】 梁斌《翻身纪事》："有的真掰面，有的假掰面；有的明里斗争暗里包庇；有的身在曹营心在汉。为人不一样，阶级立场也各有不同。"

身在福中不知福

【释义】 指生活在幸福的环境中，自己却不觉得。形容对优裕生活不知满足。

【例句】 艾明之《火种》："那人脸上露出向往的神气：'上海，好地方呵！我活了大半辈子，都还没有福气去过哩！你们身在福中不知福，干啥要奔这儿来呵！'"

深山出俊鸟

【释义】 比喻穷乡僻壤也有美女或杰出的人才。

【例句】 张孟良《儿女风尘记》："赵六暗暗赞叹：'真是深山出俊鸟，穷人家居然生下这样的美女！'"

生米做成了熟饭

【释义】 比喻事情已成定局或既成事实，虽然不满意，也没有办法去改变。

【例句】 《龙图耳录》二一回："他原长得丑陋，无人聘娶，莫若顶替前去，到了那里，'生米做作成熟饭'，也就反悔不来了。"

绳锯木断，水滴石穿

【释义】 比喻只要有恒心，有毅力，坚持不懈地做下去，终能成功。

【例句】 浩然《浩然短篇小说选》："你又该笑话我小气了。要知道，一日一钱，千日千钱，绳锯木断，水滴石穿，没有少就没有多。"

胜败乃兵家常事

【释义】 比喻胜利和失败是常有的事，不必太在意。

【例句】 《说岳全传》五九回："狼主，何必轻生！胜败乃兵家常事，且顺国，再整人马，杀进中原，以报此仇。"

失败是成功之母

【释义】 失败是成功的基础、根由。指成功往往是吸取多次失败的教训后取得的。

【例句】 郭澄清《大刀记》："越是没有经验，越要大胆试验。大胆的试验，是成功的一半。俗话说，失败是成功之母嘛！"

师傅领进门，修行在个人

【释义】 指徒弟跟师父以后，在师父的引导下入了门，但进一步的提高还得靠自己努力钻研，刻苦学习。

【例句】 邓友梅《烟壶》："聂小轩说：'师傅领进门，修行在个人。我还总扶着你们走道吗？这一回你自己来，我不过问，等烧成了再看。'"

十个指头不一般齐

【释义】 比喻人或事物总有一些差别，不可能都一样。

【例句】 金敬迈《欧阳海之歌》："话不能这么说，十个指头不一般齐哩？人家欧阳海就是有办法。"

十五个吊桶打水，七上八下

【释义】 形容内心紧张，慌乱不定。

【例句】 马烽、西戎《吕梁英雄传》第三十二回："康有富这时心中十分熬煎，真像十五个吊桶打水，七上八下，拿不定主意。"

十聋九哑

【释义】 从小就耳聋的人基本上都是哑巴。

【例句】 《儿女英雄传》十四："只见他把烟袋拿下来，指着口'啊啊'啊了两声，又摇了摇头，原来是个又聋又哑的。真真'十聋九哑'，古语不谬。"

十年树木，百年树人

【释义】 比喻培养人才不容易。也比喻培养人才是长久之计，要有长期打算。

【例句】 白危《垦荒曲》二部三三："十年树木，百年树人，那你不能一下子要求那么高。"

识时务者为俊杰

【释义】 指能认清客观形势，顺应时代潮流的人是英雄豪杰。

【例句】 《三国演义》第七十六回："自古道：'识时务者为俊杰。'今将军所统汉上九郡，皆已属他人矣。"

食不甘味，寝不安席

【释义】 吃饭没味道，睡觉不安稳。"寝"又作"卧"。

【例句】 焦祖尧《跋涉者》我说："你还不知道，老杨一回来，我能睡个安生觉了。过去，我可真是食不甘味，寝不安席呀！"

士可杀而不可辱

【释义】 指有节气的人可以牺牲生命，不能接受人格上的侮辱。指维护人格的尊严比生命还重要。

【例句】 吴有恒《山乡风云录》二三回："士可杀，不可辱，我不能没有人格！"

世情看冷暖，人面逐高低

【释义】 人面：人情，情谊。逐：追随。旧谓世风人情多趋炎附势，对有权势的人百般奉承，对无钱无势的人冷若冰霜。

【例句】 《醒世恒言》卷三七："俗语有云：世情看冷暖，人面逐高低。你当初有钱是个财主，人自然趋奉你；今日无钱，是个穷鬼，便不理你，又何怪哉！"

世上无难事，只怕有心人

【释义】 指世间再难办的事，只要下决心认真去做，总会办成。

【例句】 李准《黄河东流去》："世上无难事，只怕有心人。时间久了，她也把炒菜的程序路数记得八八九九，特别是做牛肉面这些容易做的面食，她已经领悟得烂熟了。"

事非经过不知难

【释义】 凡事不经过亲身实践，就体会不到它的艰难。

【例句】 田汉《朝鲜风云》一〇场："事非经过不知难，伊藤大人也经历过多艰难的，一定也有同感吧！"

事有凑巧，物有偶然

【释义】 事情有偶然凑巧的时候。

【例句】 《醒世恒言》常言道："事有凑巧，物有偶然。恰好有一绍兴人，姓胡名悦，因武昌太守是他亲戚，特来打抽丰的，倒也作成寻觅了一大注钱财"。

事不关己，高高挂起

【释义】 认为事情与自己无关，就搁在一边不管。

【例句】 毛泽东《反对自由主义》："事不关己，高高挂起；明知不对，少说为佳；明哲保身，但求无过。这是第三种。"

事实胜于雄辩

【释义】 事实比雄辩更有说服力。

【例句】 鲁迅《热风·事实胜于雄辩》："事实胜于雄辩，我当初很以为然，现在才知道在我们中国，是不适用的。"

是非只为多开口，烦恼皆因强出头

【释义】 惹是生非，只因爱说话；烦恼缠身，都是由于硬要出头露面。指为人处事要慎言谨行。

【例句】 《济公全传》："孙道全一想：'正是，是非只为多开口，烦恼皆因强出头。自己也觉得脸上无光，莫若找我师傅，我把妖精捉了，可以转转脸。'"

是福不是祸，是祸躲不过

【释义】 是福分不会成为灾祸，该遭的灾祸躲也躲不过。旧指福祸由天不由人。

【例句】 《济公全传》："和尚叹了一声，说：'你也不用问，非你可知。是福不是祸，是祸躲不过。我和尚还是要回灵隐寺见见老方丈，请请安，你我再会罢。'"

是蛇总要出洞的

【释义】 比喻坏人总要出来干坏事。

【例句】 龚昌盛《沉浮》，彭耀先说："急个啥？是蛇总要出洞的。心急吃不了热馒头。"

是骡子是马，出来遛一遛

【释义】 比喻本领大小，技艺高低，比试比试看看。

【例句】 李英儒《女游击队长》："心小怕事，草包怕死，方得你有几位好助手，给你在西关外露了点脸，才使你到处呱呱叫。自己是骡子是马，亲自出来遛一遛，是公鸡草鸡，亲自叫几声，叫大伙儿听听！"

手无缚鸡之力

【释义】 缚：捆绑。形容没有一点儿力气。

【例句】 老舍《四世同堂》："我不考虑那个！我手无缚鸡之力，不能去杀敌雪耻，我只能临危不苟，儿子怎死，我怎么陪着。"

瘦死的骆驼比马大

【释义】 比喻富贵人家即使衰败了，也比一般人家有钱有势。也比喻某种势力虽已衰落下来，但也不能小看。

【例句】 《红楼梦》第六回："我们也知道艰难的，但只俗语说的：'瘦死的骆驼比马还大'呢。凭他怎样，你老拔一根寒毛比我们的腰还壮哩！"

书山有路勤为径，学海无涯苦作舟

【释义】 勤奋刻苦地读书学习，就会积累渊博的知识。

【例句】 黎汝清《叶秋红》：叶秋红还依稀地记得，刻在书院楹柱上的那副勉励学生刻苦学习的对联：书山有路勤为径，学海无涯苦作舟。

属电筒的，光照人家，不照自己

【释义】 比喻只看见别人的缺点，看不到自己的缺点。

【例句】 李良杰、俞云泉《较量》：向明忠说："你是属电筒的，光照人家，不照自己。谁没有缺点？你没有缺点？"

树倒猢狲散

【释义】 比喻当权人物垮台，依附者也就纷纷离散。

【例句】 《红楼梦》第十三回："如今我们家赫赫扬扬，已将百载，一日倘或'乐极生悲'，若应了那句'树倒猢狲散'的俗语，岂不虚称了一世诗书旧族？"

树高千丈，叶落归根

【释义】 比喻人最终总希望回到故乡，也比喻事情终究要归结到某处。"千丈"又作"千尺"、"叶落"又作"落叶"。

【例句】 《说岳全传》兀术道："古人有言：'树高千丈，叶落归根。'卿家若然思念家乡，某家差人送你回国。"

树林子大，什么鸟儿都有

【释义】 比喻人多，情况复杂，什么样的人都有。

【例句】 从维熙《北国草》："不是说，树林子大，什么鸟儿都有吗！"俞秋兰感叹地说，"人也是一样呵！并不都像马俊友那样，用感情回报感情，冷冰冰的人也还是有的。"

顺手牵羊

【释义】比喻顺便拿走别人的东西。

【例句】曲波《林海雪原》一二："据说座山雕的部下有个顺手牵羊的老方子，一撮毛可能是想施展这个伎俩。"

说曹操，曹操就到

【释义】指正说在谈论某人，某人就到跟前了。是戏谑的说法。

【例句】张国庆《亲仇》："姚殿臣笑着说：'你看，说曹操，曹操就到。魏华呀，这就是大队副书记何石头同志。'"

说的比唱的还好听

【释义】指说的话虽然动听，但都是骗人的空话。

【例句】陈登科《风雷》："好大的口气，说的比唱的还好听，县监委书记，好像就是你在那里做的。"

说风就是雨

【释义】比喻对别人说的话，非常认真，听了就采取相应的行动。

【例句】刘波泳《秦川儿女》："看你这个急脾气，说风就是雨，此时咋能去？灰老鼠不正在村里搜查么？"

司马昭之心，路人皆知

【释义】司马昭：三国时魏国的权臣，处心积虑地要夺取曹魏政权。比喻阴谋，野心，人所共知。

武剑青《流星》贾源冷笑道："纯洁？高雅？还不是图申茂那几块残废金？

【例句】司马昭之心，路人皆知！"

死马当活马医

【释义】比喻事情明知无望，还要作最后的努力。

木青《不许收获的秋天》："谢殿臣一想也是，不管怎样，死马当活马医，

【例句】还备不住闹个死里逃生呢！"

死无葬身之地

【释义】 形容下场极惨。

【例句】 李六如《六十年的变迁》："这一回，全仗贵师一举消灭它。不然的话，我们这些人，真会死无葬身之地。"

死猪不怕开水烫

【释义】 比喻反正已经到了最环境地，干脆横下一条心，任人摆布。

【例句】 郑秉谦《碧海缘》："死猪不怕开水烫，陈富之一时也奈何他们不得，想不出什么新招，赶他们上竹篮船。"

四体不勤，五谷不分

【释义】 指不从事农业劳动，就会缺乏起码知识。形容脱离生产劳动。

【例句】 《论语·微子》："四体不勤，五谷不分，孰为天子。"

随大流

【释义】 比喻没有立场、主见，跟着大多数人说话行事。

【例句】 周立波《山乡巨变》："这不好，这叫随大流。要自己心里真想通了，才能作数。"

T

他乡遇故知

【释义】 故知：老朋友，熟人。在异乡遇到了过去的朋友。

【例句】 丁玲《回忆潘汉年同志》："我一看大惊，几乎叫出来，赶忙笑着让坐，这不是是潘汉年同志吗？真是他乡遇故知！"

抬杠

【释义】 指互不相让，争辩不休。

【例句】 茅盾《春蚕》："为了那'洋种'问题，她到现在常要和老通宝抬杠。"

抬头不见低头见

【释义】 形容彼此经常见面接触。

【例句】 周立波《暴风骤雨》："咱们一个屯子的人，抬头不见低头见，平日都是你兄我弟的。"

太岁头上动土

【释义】 迷信认为，太岁凶煞，人们动土建筑，要避开太岁出现的方位，否则会招来祸患。比喻触犯强有力的人。

【例句】 老舍《四世同堂》："他的眉头皱得更紧了一些。'你看，这不是太岁头上动土吗？'"

泰山不是垒的，火车不是推的

【释义】 比喻事情的成功靠的是真本事，不凭吹嘘。

【例句】 柳杞《长城烟尘》："他们拣了便宜仗，还会卖乖说：'泰山不是垒的，火车不是推的。'"

贪多嚼不烂

【释义】 比喻贪求过多，得不到好效果。

【例句】 《红楼梦》第九回："虽说是奋志要强，那功课宁可少些：一则贪多嚼不烂，二则身子也要保重。"

探口风

【释义】 从对方的话中探测其意向。

【例句】 王汶石《风雪之夜》："谁也不愿意要他。他只好跑到这儿探探亚来的口风，盼望亚来收留他。"

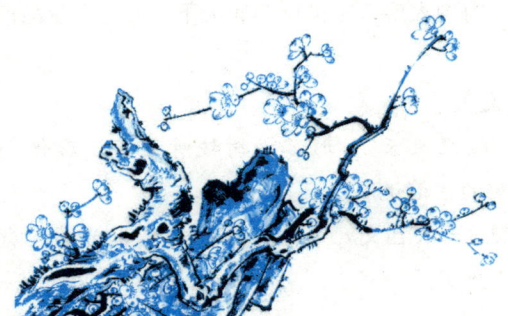

探囊取物

【释义】 比喻轻而易举，得来毫不费力。

【例句】 罗贯中《三国演义》第五回："吾斩众诸侯首级，如探囊取物耳！"

糖衣炮弹

【释义】 比喻引诱、腐蚀人的东西或手段。

【例句】 毛泽东《反对党内的资产阶级思想》："资产阶级一定要腐蚀人，用糖衣炮弹打人。"

螳螂捕蝉，黄雀在后

【释义】 比喻目光短浅，一心图谋危害别人，却不知有人正在背后算计自己。也比喻贪图眼前利益，不顾身后祸患。

【例句】 黎汝清《叶秋红》："胡定坤说的并非全是实话，但也并非全是假话，用'螳螂捕蝉，黄雀在后'，这句谚语来形容他们的关系，是再确切不过了。"

桃李不言，下自成蹊

【释义】 桃树、李树不会召唤人，但其花绚丽，其实甘美，招人喜爱，故众人争赴之。时间一久，树下自会走出一条小路来。比喻人只要品德高尚，对人真诚，就会受到公众的信赖和崇敬。也用以比喻注重实际，不图虚名。

【例句】《册府元龟·帝王部》："古人云：'桃李不言，下自成蹊。'殿下仁孝，自然德义高远，四海之内，莫不闻知。"

桃李满天下

【释义】 比喻教育培养的学生多，遍布各地。

【例句】 姚雪垠《李自成》（二）中："黄、叶二人都是有名的朝臣，而黄更是当代大儒，海内人望，不惟桃李满天下，而且不少故旧门生身居显要。"

逃之夭夭

【释义】 原作"桃之夭夭"，形容桃树枝叶繁茂。后借"桃"谐"逃"的音，用作逃跑的诙谐说法。

【例句】 石玉昆《三侠五义》第六回："李保看此光景，竟将银两包袱收拾收拾，逃之夭夭了。"

套近乎

【释义】 为了达到某种目的，虚情假意地向对方表示亲近。

【例句】 谌容《万年青》："前儿小李想跟我套近乎，我一头给他撞南墙去了。"

剃头担子一头热

【释义】 比喻事情的双方，只有一方表示热情，要求迫切，另一方却表现得冷淡、漠然。多指单相思。

【例句】 刘江《太行风云》剃头担子一头热，一直想人家算回什么事，你有情，我有意，爱情要建立在为革命为人民基础上。

替罪羊

【释义】 源出《圣经》故事。指古代犹太教祭礼中替人承担罪过的羊。比喻代别人承担罪责的人。

【例句】 蒋子龙《乔厂长后传》："既然你们盯的是我，为什么要拿李干做替罪羊？要处分就处分我好了！"

天不怕，地不怕

【释义】 形容无所畏惧，什么也不害怕。

【例句】 《红楼梦》第四十五回："老爷小时何曾像你这么天不怕地不怕的！"

天打五雷轰

【释义】 诅咒或发誓用语，形容遭受最最严厉的惩处与报应。

【例句】 周立波《暴风骤雨》："我是做下对不起乡亲的事了，能宽大我，一定洗心革面，报答恩典，要有二心，天打五雷轰。"

天堂有路你不走，地狱无门闯进来

【释义】 比喻自找死路，自作自受。

【例句】 伍杰《山路崎岖》："张连义，这次可是你自己送上门来的呀。天堂有路你不走，地狱无门闯进来。你自作自受，这就怪不得我们了。"

天机不可泄漏

【释义】 指秘密不能告诉别人。

【例句】 《水浒传》第八十五回："此乃天机，不可泄漏。他日应时，将军自知。"

天网恢恢，疏而不漏

【释义】 天道的网十分宽广，看似稀疏，但不会漏掉任何坏人。恢恢：宽广的样子。

【例句】 冯梦龙《醒世恒言》卷三六："你可记得三年前蔡指挥的事么？天网恢恢，疏而不漏，今日有何理说？"

天诛地灭

【释义】 指为天地所不容。多用于诅咒他人或自誓。诛：杀。

【例句】 施耐庵《水浒全传》第十五回："我等六人中，但有私意者，天诛地灭。"

天塌下来有地接着

【释义】 比喻无所畏惧，毫不在乎。

【例句】 杨朔《三千里江山》："一口破锅，丢了又怎么样？天塌下来有地接着，脑袋掉了碗大的疤，该杀该剐，你看着办吧！"

天无三日雨，人无一世穷

【释义】 比喻人不会一辈子受穷。

【例句】 陆地《瀑布》："'天无三日雨，人无一世穷。'河里石头还有翻身的哪。"

天无常圆之月，人无不散之席

【释义】 比喻悲欢离合是常有的事情。

【例句】 周肖《梅腊月》："病女人哀叹一声，瞪大可怕的双眼：'唉，天无常圆之月，人无不散之席。我只望你父女两人好好保重。'"

天下兴亡，匹夫有责

【释义】 指对于国家的兴亡，每个普通百姓都有一份责任。

【例句】 李六如《六十年的变迁》："寿松！'天下兴亡，匹夫有责'，难道你我就没有责任吗？ 都像你这样，那中国四万万人，就等于四万万行尸走肉啦！"

天涯何处无芳草

【释义】 比喻到处都有好人，多指女性。

【例句】 陆地《瀑布》："其实我也是个傻瓜，天涯何处无芳草？只要有钱有势，金屋何患无娇藏？何必那样死心眼呵！"

天有不测风云，人有旦夕祸福

【释义】 天气变化无常，刮风下雨难以预料；人的祸福也变化无常，难以预料。

【例句】 《红楼梦》第十一回："凤姐听了，眼圈儿红了一会子，方说道：'天有不测风云，人有旦夕祸福。这点年纪，倘或因这病上有个长短，人生在世，还有什么趣儿呢！'"

挑刺儿

【释义】 指故意刁难，无理取闹。

【例句】 汪浙成、温小钰《土壤》："那我求求您，别再挑魏头儿的刺儿了，但愿我们能平平安安离开这里。"

铁树开花

【释义】 比喻罕见的事物或极难实现的事。

【例句】 孟子若《死里逃生》："血泪淋浸千万行，便铁树开花愁怎忘。"

听其言而观其行

【释义】 听了他说的话，还要观察他的实际行动。指看人言行是否一致。语出《论语·公冶长》。

【例句】 李英儒《还我河山》（下）二十九："你说的有真话，也有假话。不能不信，也不能全信。具体行动由川岛指派你。我按照贵国的格言，听其言而观其行。"

听天由命

【释义】 指顺其自然，任其发展。

【例句】 沈自晋《望湖亭》："这个也只要尽其在人，说不得听天由命。"

捅马蜂窝

【释义】 比喻触动难以对付的人，也比喻惹出了麻烦。

【例句】 老舍《骆驼祥子》："一种明知不妥，而很愿试试的大胆与迷惑紧紧地捉住他的心，小的时候用竿子捅马蜂窝就是这样。"

偷鸡不成蚀把米

【释义】 比喻本想得到好处，占到便宜，结果反倒吃了亏。

【例句】 武剑青《流星》："贾源像霜打的叶子，全蔫了，偷鸡不成蚀把米。"

偷天换日

【释义】 比喻暗中玩弄花招，暗中改变事物的内容或性质。

【例句】 《人中画》："真个人不知、鬼不觉，做了一桩偷天换日之事。"

头三脚难踢

【释义】 比喻万事开头难。

【例句】 浩然《艳阳天》："头三脚难踢，咱们得生着法儿帮她闯过来呀！"

投亲不如访友，访友不如下店

【释义】 旧指人情淡薄，世态炎凉。

【例句】 《施公案》："俗语：投亲不如访友，访友不如下店。现今的世态浇薄，见咱们把差使捺了，不免冷淡。"

突破口

【释义】 比喻问题的要点或解决冲问题的关键。

【例句】 谌容《献上一束夜来香》："我看啊，就得拿齐文文作突破口，好好把机关的党风整顿一下。"

吐口唾沫都是钉

【释义】 比喻说话算数。

【例句】 张国庆《亲仇》二十六："他倒神气起来了，坐小车，住高楼，吃小灶，吐口唾沫都是钉，张嘴闭嘴就训人。"

兔子不吃窝边草

【释义】 比喻不在自家门口或当地干坏事。

【例句】 梁斌《红旗谱》："朱老星一听，慢搭搭地说：'他老是讲兔子不吃窝边草，可是到了霜后，别的草都吃完了，他才反回头来吃咱哩！'"

兔死狗烹

【释义】 比喻事情成功以后，把曾经出过大力的人杀掉。

【例句】 吴承恩《西游记》第二十七回："这才是'鸟尽弓藏，兔死狗烹'。"

兔子尾巴长不了

【释义】 比喻不能维持长久，或比喻末日即将来临。

【例句】 陈登科《风雷》："有人说这是一对美满的夫妻，也有的说是兔子尾巴长不了。"

兔死狐悲，物伤其类

【释义】 比喻为同类的失败、伤亡或不幸遭遇而感伤。

【例句】 《飞龙全传》："常言道：'兔死狐悲，物伤其类。'你只该拿获奸臣，与我兄长报仇，才算同病相怜之义。"

推倒葫芦洒了油

【释义】 比喻将事情干到底。

【例句】 梁斌《翻身记事》："朱老嗡看王振山的脸色发僵，他想：估摸是这么回子事了。推倒葫芦洒了油！"

拖泥带水

【释义】 比喻做事拖拉，不干净利落。

【例句】 茅盾《追求》："有时便以为此种拖泥带水的办法，实在太腻烦，不痛快。"

脱颖而出

【释义】 藏在布袋里的锥子，锥尖能穿出来。比喻有才能，总能显示出来。脱：露出。颖：尖端，锋芒。

【例句】 张圣康《中国式的黑色幽默》："一篇沉甸甸，热辣辣的《黑砂》，使肖克凡脱颖而出，引人注目，成为天津青年作家中的佼佼者。"

W

挖空心思

【释义】 指费尽心计，绞尽脑汁。

【例句】 俞万春《荡寇志》："今此贼挖空心思，用到如许密计，图我安如泰山之郓城。"

挖墙脚

【释义】 比喻暗中从根基上破坏，使人或集体倒台或使事情不能顺利进行。

【例句】 郑义《老井》："就是咱俩不成，也不能便宜了你们！哼，想挖墙脚来了！"

万般皆下品，惟有读书高

【释义】 旧谓各种行业都属下等，只有读书是上等，因为读好书科举得中，可以做官。

【例句】 老舍《四世同堂》："万般皆下品，惟有读书高！读书人是小崔们的偶像。"

万恶淫为首，百善孝为先

【释义】 指一切坏事中以淫乱为最，而美德之中孝顺为第一。

【例句】 茅盾《子夜》一："驱驰于三百万人口的东方大都市上海，而却捧了《太上感应篇》，心里念着文昌帝君的'万恶淫为首，百善孝为先'的告诫。"

万事开头难

【释义】 指做事开始因为缺乏经验，所以困难多，事情难办。

【例句】 黄一禾《筑坝》："万事开头难，这头儿已经开了，而且开得很好，你还要打什么退堂鼓？"

万事俱备，只欠东风

【释义】 比喻一切都已齐备，只差最后一个关键性的必要条件。

【例句】 《三国演义》第四十九回："瑜料孔明必知其意，乃以言挑之曰：'欲得顺气，当服何药？'孔明笑曰：'亮有一方，便叫都督顺气。'瑜曰：'愿先生赐教。'孔明索笔，屏退左右，密书十六字曰："欲破曹公，宜用火攻；万事俱备，只欠东风。"

万无一失

【释义】 指绝对不出一点差错。

【例句】 施耐庵《水浒全传》第四回："赵某却有个道理，教提辖万无一失，足可安身避难。"

万丈高楼平地起

【释义】 万丈高楼是从平地一层层一寸寸地盖起来的。比喻学习、工作要扎扎实实，从基础做起。

【例句】 西戎《灯心绒》："人常说：万丈高楼平地起，创立集体的家，不是件容易的事情呀！"

亡羊补牢，未为晚也

【释义】 羊逃跑了，再修补羊圈，还不算晚。比喻犯了错误，做了错事，及时纠正、补救，还来得及。

【例句】 陶行知《试验主义与新教育》："然亡羊补牢，未为晚也。全国学者，苟能尽刷其依赖天性。"

王八吃秤砣，铁了心

【释义】 比喻拿定主意，下定决心。

【例句】 李英儒《野火春风斗古城》七章二："好你个黄毛丫头，王八吃秤砣，铁了心！"

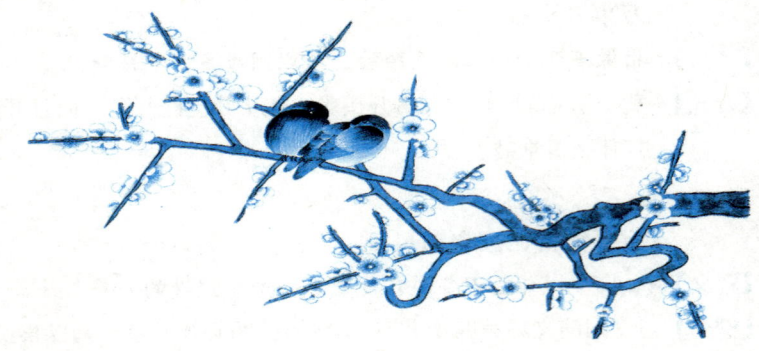

王婆卖瓜，自卖自夸

【释义】 比喻自我吹嘘，自己夸奖自己。

【例句】 李炳镇《夫妻之间》王婆卖瓜，自卖自夸。谁相信你那一种？还是面对点现实。

王八吃柳条，嘴能编

【释义】 形容善于编造假话、谎话。

【例句】 安危《我爱松花江》三十八："嘿，你小子王八吃柳条，嘴能编！告你说吧，没有不透风的墙，我的眼眶子没有贴膏药，懂吗？"

王子犯法与庶民同罪

【释义】 王子犯了法也像平民百姓一样治罪。比喻在法律面前人人平等，任何人都不得超越法律。

【例句】 安危《我爱松花江》："唉，没法子呀，王子犯法，与庶民同罪。谁叫他犯法的呀！"

往脸上贴金

【释义】 讽刺有意美化或夸耀。

【例句】 老舍《四世同堂》："你呀？歇着吧！打惯了球的手，会包饺子？别往脸上贴金啦！"

往日无冤，近日无仇

【释义】 指平日互不相干，从来没的仇冤。

【例句】 《水浒传》第十二回："和你往日无冤，近日无仇。一物不成，两物见在。没来由杀你做什么！"

俗

语

望风而逃

【释义】老远看见对方的气势，就很快逃跑了。

【例句】梁辰鱼《浣纱记》五："杀得他只轮不返，片甲无存，望风而逃，渡江去了。"

忘了自己吃几碗饭

【释义】指忘了自己有多大的本事。也指忘掉了自己的身份，超越了自己的职权。

【例句】雪川《条约》："获个奖，就忘了自己吃几碗饭啦！我可没忘，你是我手下的兵"。

为富不仁

【释义】形容惟利是图的人聚敛财富心狠手辣，不择手段。

【例句】吴趼人《二十年目睹之怪现状》第十九回："我的田又未少收过半粒租米，怎么乘人之危，希图贱买，这不是为富不仁么！"

文章千古事，得失寸心知

【释义】文章是要流传千古的，写得好不好自己心里最清楚。

【例句】《人中画·寒彻骨》一："商春荫道：'大兄不必怒。文章千古事，得失寸心知。今日与大兄说也徒然，久当自知。'"

稳坐钓鱼船

【释义】比喻沉着冷静地应付事变。

【例句】罗丹《风雪的黎明》："不要大惊小怪，要稳坐钓鱼船。"

我行我素

【释义】指不管别人怎么说，自己想怎么做就怎么做。

【例句】张春帆《九尾龟》六五："他却毫不放在心上，依然是我行我素，不改丝毫。"

乌云遮不住太阳

【释义】比喻邪不压正，也比喻困难只是暂时的。

【例句】浩然《艳阳天》："你放心吧，变不了天啦，永远变不了！常言说：乌云遮不住太阳，咱这集体日子就是太阳，什么也遮不住它！"

无风不起浪

【释义】 比喻任何事情的发生都是有原因的。

【例句】 张国庆《亲仇》："这事儿，也是无风不起浪。贾玉花那娘们小抠搜心眼儿，兴许怀揣腰掖地抓挠点儿。"

无毒不丈夫

【释义】 旧时认为不能心狠手辣地办事就算不上大丈夫。意即要心狠有决断。不丈夫：不算大丈夫。

【例句】 鲁迅《且介亭杂文附集·半夏小集》："诚然，无毒不丈夫，形诸笔墨，却还不过是小毒。"

无功不受禄

【释义】 比喻不能平白无故地接受别人的好处。

【例句】 马烽、西戎《吕梁英雄传》："古人说无功不受禄，我们这天下是你们一手打下来的，你的功劳最大，应该你当维持会长！

无立足之地

【释义】 无处容身，也形容惶恐羞愧之极。

【例句】 曹雪芹《红楼梦》第三十三回："贾政听说，忙叩头哭道：'母亲如此说，儿子无立足之地了。'"

无官一身轻

【释义】 指没有职务，不用担责任，一身轻松。

【例句】 郭沫若《洪波曲》："有一位工商界的朋友再三叮咛地说：'到了武汉，千切不要做官啊！无官一身轻，希望你早些回广州来！'"

无巧不成书

【释义】 本指没有巧合的故事情节，说书人就讲不出吸引人的故事。比喻事有凑巧。

【例句】 马烽《我的第一个上级》："这可真是'无巧不成书'，原来我的这位'顶头上司'，就是上午被我在街上撞倒的那个人。"

无风浪三尺，有风浪三丈

【释义】 形容浪涛总是很大，也比喻无事生非，凭空挑起事端。

【例句】 郑秉谦《碧海缘》："'无风浪三尺，有风浪三丈。'这时海风正大，渔船颠簸不止，继续满篷行驶，有些危险。"

无事不登三宝殿

【释义】 比喻没有事情就不会上门。

【例句】 安危《我爱松花江》："支书，你可是无事不登三宝殿，这咱晚上哪去来？"

五百年前是一家

【释义】 同姓的，往前推算五百年，很可能是一家人。拉关系的客套话。

【例句】 麦冬《春到柳原》："嘿，你也姓张，别看我们不认识，五百年前是一家，那还客气什么？"

五花八门

【释义】 古代兵法中的阵名。比喻名目繁多，变化多端。

【例句】 鲁迅《南腔北调集》："并非因为它不及别种杂志的五花八门，乃是还不能比先前充实。"

五体投地

【释义】 两手两膝及头部着地，形容对某人佩服到极点。

【例句】 毛泽东《评战犯求和》："惟有一齐拍掌，五体投地，口称万岁。"

物以类聚，人以群分

【释义】 各种事物因类别相同而聚合，各种人物因志趣不同而分开。指志趣相投的人或同类事物往往聚集在一起。

【例句】 李六如《六十年的变迁》："也许物以类聚，人以群分的缘故，在吃饭时，彼此说得来。"

X

夕阳无限好，只是近黄昏

【释义】 比喻好景不长。常用来说明某些事物虽然暂时还繁荣、兴旺、强大，但很快就要衰弱没落下去。这是李商隐《乐游原》诗句。

【例句】 《光明日报》1978年11月5日：电影《蓝色的海湾》中一位老工程师感慨地说："夕阳无限好，只是近黄昏。"

西方不亮东方亮

【释义】 比喻这里不通还可以到其他的地方去，希望总是有的。

【例句】 周立波《山乡巨变》："不要紧的，下村的秧，我看了蛮好，西方不亮东方亮，怕他什么？"

西洋镜

【释义】 比喻故弄玄虚借以骗人的事物或手法，也可用来形容稀罕而可笑的事物。

【例句】 梁斌《播火记》："看到这时，肚子一时憋不住，喷地笑出来，说：'娘，快来看西洋镜哟！'"

瞎了眼

【释义】 指错误地估计了事或看走眼了人，有时也用于自责。

【例句】 谌容《万年青》："还是数人家春旺水平高。姓董的不让这样的人当支书，简直瞎了眼。"

瞎子点灯，白费蜡

【释义】 比喻做事情白费力气或白费心机，不起一点作用。

【例句】 黎明《祖国的儿子黄继光》："要我出卖自己的弟兄，你们是瞎子点灯，白费蜡。"

下马威

【释义】 旧时官吏刚到任时就对下属显示威风。比喻一开头就向对方显示威力。

【例句】 谌容《八八综合症》："连他三把庄，给你们来个下马威！"

下坡路

【释义】 由高处通向低处的道路，比喻向衰落或灭亡的方向发展。

【例句】 罗广斌、杨益言《红岩》："戴笠一死，毛人凤当上局长，严醉就走下坡路了。"

下台阶

【释义】 比喻以巧妙的方式摆脱尴尬的局面。

【例句】 雪珂《女人的力量》："自来水厂那两位父亲并不想触犯刑法，但现在他们也要尽量摆着大模大样的架子下台阶。"

下逐客令

【释义】 原指下令驱逐异国门人说客，后泛指用某种方式赶走客人。

【例句】 蒋子龙《血往心里流》："她也不会自动走开腾地方。碰到这种时候，我妈妈只好下逐客令。"

先河

【释义】 比喻某事的开创或先导。

【例句】 张洁《脚的骚动》："舞蹈评论家更将开一代流派之先河视为自己的历史重任。"

先君子后小人

【释义】 指先讲道理，行不通再采取强硬措施。

【例句】 黄谷柳《虾球传》："先君子后小人，你听我指挥，不要乱动！"

先礼后兵

【释义】 先以礼相待，未达目的再采取强硬措施。

【例句】 老舍《鼓书艺人》："俗话说，先礼后兵。卖艺的压根儿就没跟人伸手，没有别的路。"

先入者为主

【释义】 指先接受了一种思想或说法，就不容易再接受别的思想或说法。

【例句】 朱熹《答吕子约书》："但先入者为主，可以主张，然非实晓，亦安能保也。"

先下手的为强，后下手的遭殃

【释义】 意为先下手者取得主动，动手晚者往往吃亏。

【例句】 梁斌《播火记》一七："常言说得好，先下手为强，后下手遭殃。今天不先下手，将来也得吃他们的苦。"

先天下之忧而忧，后天下之乐而乐

【释义】 在天下人担忧之前就担忧，在天下人安乐之后才安乐。比喻吃苦在前，享乐在后。语出范仲淹《岳阳楼记》。

【例句】 李建彤《刘志丹》三："刘志丹再忍不下去，他常听爷爷说，人生在世，应该先天下之忧而忧，后天下之乐而乐。"

县官不如现管

【释义】 指官再大也比不上具体掌管事务的人有实权。

【例句】 《济公全传》一七五回："皇上他没我大，大凡县官不如现管，我要放窦永衡，皇上他管不了我。"

现身说法

【释义】 比喻用亲身经历来向别人讲述道理。

【例句】 纪昀《阅微草堂笔记·姑妄言之二》："现身说法，言之者无罪，闻之者足以戒耳。"

献殷勤

【释义】 为讨别人的欢心而奉承、伺候。

【例句】 草明《原动力》："佟金贵看见三个老头和张荣才说得挺对劲，有点眼红，便也过来献殷勤。"

相请不如偶遇

【释义】 指平时请还不一定能请到，没想到却偶然上了。多为客套话。

【例句】《发财秘诀》第九回："俗语说得好，相请不如偶遇。请坐罢，马上就要摆席了。"

相识满天下，知心有几人
【释义】认识的人很多，真正知心的极少。
【例句】李绿园《歧路灯》第九十九回："父子俱从外庭内转，这王象荩自与阎相公说话。正合了相识满天下，知心有几人。"

小不忍则乱大谋
【释义】指在细枝末节的小问题上计较而不能忍耐，就会破坏整个计划。
【例句】欧阳山《三家巷》："我服从了，那有什么关系呢？自古说：'小不忍则乱大谋'，不过是些小事情，也犯不着因小失大。"

小辫子
【释义】比喻被人当做把柄的短处、错误。
【例句】周而复《上海的早晨》："她抓住了徐义德的小辫子要狠狠地惩他一下；以后就更服贴了。"

小葱拌豆腐——一清二白
【释义】比喻事情或人清清白白，没有什么牵扯不清。
【例句】袁静等《新儿女英雄传》一六回："我两个一块儿工作这些年，真是小葱拌豆腐；别说亲嘴，就连个手也没有拉过呀！"

俗

语

小打小闹

【释义】　指做比较小的事或没有胆量把事情闹大。

【例句】　刘绍棠《小荷才露尖尖角》："杜大胆和二朵大婶只会小打小闹，大路菜上赚个汗水钱。"

小道消息

【释义】　指道听途说或非正式途径传播的消息。

【例句】　李少先《浩浩长河》："听到这些不三不四的小道消息后，一部分矿工的思想更加不安，人心浮动。"

小肚鸡肠

【释义】　形容人气量狭小，只计较小事，不顾大局。

【例句】　苏叔阳《生死之间》："去给人家道个喜，别让人家瞧着我们小肚鸡肠。"

小儿科

【释义】　比喻不足以引起重视的事情。

【例句】　陈祖芬《朝圣者与富翁》："有人说数学所的人搞起小儿科来了，再这么干，影响提职提薪。"

小广播

【释义】　私下传播不应该传播或不可靠的消息，亦指爱在私下传播消息的人。

【例句】　石言《柳堡的故事》："他过去在团部里当过通讯员，熟人很多，他听到小广播了。"

小题大做

【释义】　比喻把小事当作大事来办，有不值得这样做的意思。

【例句】　朱素臣《秦楼月》："本待潜奔岱山，小题大做，又怕做公的眼明手快，反遭毒手。"

笑口常开，和气生财

【释义】　高高兴兴，对人和和气气能使人发财。

【例句】　（郑秉谦《碧海缘》）写上格言警句，贴在壁上，如"笑口常开，和气生财"、"盛喜中勿许人物，盛怒中莫答人谏"之类。

邪门歪道

【释义】 不正当的门路或途径。

【例句】 胡正《汾水长流》：“你要是真心入社，就不要再想什么邪门歪道了。”

卸磨杀驴

【释义】 比喻达到目的以后，把曾经给自己出过力的人除掉。

【例句】 柳杞《战争奇观》：“鬼子兵用完了他，就卸磨杀驴把他宰了。”

心病还得心药医

【释义】 指思想精神上的病痛，还要从思想精神上去医治。

【例句】 《赵树理小说选》：“不几天他便得了病，一病几个月，吃药也无效。俗话说：‘心病还得心药医。’”

心怀鬼胎

【释义】 心里揣着不可告人的事。

【例句】 曹雪芹《红楼梦》第七十二回：“百般过不去，心内怀着鬼胎，茶饭无心，起坐恍惚。”

心宽体胖

【释义】 比喻心情舒畅，人就容易胖起来。

【例句】 文康《儿女英雄传》第四十回：“心宽体胖，周身的衣裳也合了折儿了。”

心跳到嗓子眼里

【释义】 比喻人受惊吓或由于紧张而出现的状况，形容人非常害怕。

【例句】 老舍《茶馆》第二幕：“王淑芬：‘心哪，老跳到嗓子眼里，宝地！’”

心心相印

【释义】 指彼此心意一致。

【例句】 文康《儿女英雄传》第二十六回："如今听了张金凤这话，正如水月镜花，心心相印，玉匙金锁，息息相通。"

心里像倒翻了五味瓶

【释义】 比喻心情复杂，心里不是滋味。

【例句】 张抗抗《分界线》："薛川睁大了眼，心里像倒翻了五味瓶。"

心有余而力不足

【释义】 指心里很愿意去做，但能力有限无法去做。

【例句】 《红楼梦》第二十五回："阿弥陀佛！我手里但凡从容些，也时常来上供，只是心有余，而力不足。"

新官上任三把火

【释义】 比喻指新的官员到任总要干几件事来显示自己的能力、威风，也比喻开始做某事时干劲十足，但难以持久。

【例句】 李良杰、俞云泉《较量》："俗话说：新官上任三把火！新上任的干部，总得拿点苗头出来，表现一下自己。是好是孬，天长日久才能看得出来。"

行不通

【释义】 比喻某种做法、某个方案无法实行。

【例句】 毛泽东《新民主主义论》："拿到二十世纪四十年代来，到底是行不通的。"

行得正，走得端

【释义】 指为人处事光明正大，堂堂正正。

【例句】 马烽、西戎《吕梁英雄传》："咱行得正，走得端，众人有眼哩！仇人不仇人小事，要叫我维持，向日本人低头，我是坚决不干！"

形影不离

【释义】 就像形体和它的影子那样不能分离，形容关系密切。

【例句】 纪昀《阅微草堂笔记》卷二："青县农家少妇，性轻佻，随其夫操作，形影不离。"

幸灾乐祸

【释义】对别人遇到挫折或不幸感到高兴。幸：庆幸。乐：快乐。

【例句】颜之推《颜氏家训》卷五："若居承平之世，睥睨宫闱，幸灾乐祸，首为逆乱。"

秀才遇见兵，有理讲不清

【释义】比喻遇到不讲道理的人，即使有理也说不清楚。

【例句】王浚卿《冷眼观》第二十九回："我今日真是秀才遇见兵，有理讲不清了。"

徐庶进曹营，一言不发

【释义】徐庶：三国时谋士，曹操把他骗到曹营，但他下决心不给曹操出谋划策、不发表意见。事见《三国演义》。指人有意不肯说话。

【例句】《作品》一九八二年十二期："全队上下一百好几十双眼珠转都不转地盯着他，巴巴地等他开口。他倒好，徐庶进曹营，一言不发！"

悬崖勒马，回头是岸

【释义】比喻到了危险边缘，必须赶快醒悟回头。

【例句】李良杰《人生》十三："但是兰天汉同志必须看到，你的错误是严重的，你跟随祝敬之在反党的道路上跑得够远啦，必须悬崖勒马，回头是岸！"

雪上加霜

【释义】比喻灾祸接踵而至。

【例句】《二刻拍案惊奇》卷三六："见说徒弟家走私已空，心里已此苦楚，更是一番毒打，真是个雪上更加霜，怎经处起？"

寻开心

【释义】指开玩笑，取乐。

【例句】邹韬奋《萍踪寄语》三七："有的时候，竟好像彼此在寻开心！"

迅雷不及掩耳

【释义】比喻事件或动作突然而来，使人来不及防备。

【例句】李英儒《野火春风斗古城》一三章："他和他的伙伴们将用迅雷不及掩耳的手段，突然伸出铁拳，猛捣敌人的心脏。"

Y

压轴戏

【释义】 本指一次演出的戏曲节目中排在倒数第二的一出戏。引申指排在后面的精彩项目。

【例句】 瞿秋白《人才易得》："前几年，大观园里的压轴戏是刘姥姥骂山门。"

鸦雀无声

【释义】 比喻非常安静，一点声响也听不到。

【例句】 郭沫若《洪波曲》十三章六："天空是一片墨黑，武汉三镇鸦雀无声，长江在混茫中吐着冷气。"

哑巴吃黄连

【释义】 比喻心中苦，却说不出。

【例句】 刘江《太行风云》六："他后悔莫及，千不该万不该，不该吃上这顿饭，叫人把嘴堵了个严又严。真是哑巴吃黄连。"

哑巴胡乱哇，聋子好打岔

【释义】 哑巴不会说话，哇哇乱叫，聋子听不清楚，就好打岔。

【例句】 周肖《梅腊月》，十四，"啥子尼佳尼佳哟！哑巴胡乱哇，聋子好打岔！"

烟幕弹

【释义】 比喻掩盖事情真相或本意的言语或行为。

【例句】 梁斌《播火记》："妙！真是老行家，一个烟幕弹，把我和钱主任都迷糊住了。"

烟酒不分家

【释义】 指烟酒不分彼此，不必客气。

【例句】 黎汝清《叶秋红》："提酒瓶子的人犹豫了一阵子，说：'也好，烟酒不分家嘛！既然老总看得起我这个穷裁缝，交个朋友吧，一块儿喝几杯。'"

言者无心，听者有意

【释义】 说话的是无心地把话说出，听话的人却从某种特殊角度去理解。

【例句】 刘一舟《飞云碎影》："两个人刚说到张文患了心脏病突然死去，车厢里突然有人'哇'地大哭起来，真是说者无心，听者有意，原来张文的女儿就在车上。"

言多必失

【释义】 话说多了，难免会有失误的地方。

【例句】 巴金《作家的勇气和责任心》："请允许我讲出我的缺点和秘密：'我害怕言多必失，招来麻烦。'"

阎王爷贴告示，鬼话连篇

【释义】 比喻全是胡言乱语。

【例句】 冯志《敌后武工队》："你们说，这叫个什么？这叫阎王爷贴告示，鬼话连篇。"

眼见千遍，不如手过一遍

【释义】 看的次数再多也不如自己亲手做一遍。

【例句】 刘波泳《秦川儿女》一四章："我见是见的不少，可眼见千遍，不如手过一遍。"

眼不见为净

【释义】 比喻不去看或不去理某些令人心烦的事，心中便觉得安静。

【例句】 《冰心文集》："所以我替你想，为你的幸福起见，我劝你同K分开，'眼不见为净'"。

眼见为实，耳听为虚

【释义】 亲眼看到的才真实可信，传闻的则多不可靠。

【例句】 周立波《山乡巨变》上五："眼见为实，耳听为虚，听人说的靠不住。"

眼不见，心不烦

【释义】 只要看不见不顺心的事，心里就不会烦恼。

【例句】 《红楼梦》第二十九回："几时我闭了眼，断了这口气，任凭你们两个冤家闹上天去，我'眼不见，心不烦'，也就罢了，偏他娘的又不咽这口气。"

眼皮底下

【释义】 指就在身边或附近。

【例句】 梁斌《红旗谱》："你不要忘了，朱老忠、朱老明、严志和他们就在咱眼皮底下。"

眼馋肚饱

【释义】 眼馋想吃可是肚子吃不下，比喻贪婪。

【例句】 《红楼梦》第十六回："往苏杭走了一趟回来，也该见点世面了，还是这么眼馋肚饱了。你要爱他，不值什么，我拿平儿换了他来好不好？"

眼中钉，肉中刺

【释义】 比喻心中极端憎恨，非除掉不可的人。

【例句】 李宝嘉《官场现形记》："何必一定要救我回来，做人家的眼中钉，肉中刺。"

偃旗息鼓

【释义】 比喻停止批评、攻击等。

【例句】 李宝嘉《官场现形记》第十八回："但是煌煌天使，奉旨而来，难道就此偃旗息鼓，一问不问吗？"

燕雀安知鸿鹄志

【释义】 比喻平庸的人不可能知道胸怀大志的人的抱负。

【例句】 罗贯中《三国演义》第四回："燕雀安知鸿鹄志！汝既拿住我，便当解去请赏，何必多问！"

养兵千日，用兵一时

【释义】 长期训练军队是为了一旦需要能够用上。又指平时大量的准备工作，是为了应付一时的急需。

【例句】 孙犁《光荣》："这意思很明白，养兵千日，用兵一时；大敌压境，你们不说打仗，反倒逃跑，好，留下枪枝，交给我们，看我们的吧！"

养儿方晓父母恩

【释义】 自己有了孩子，才会真正明白父母的辛苦。

【例句】 吴承恩《西游记》第二十八回："诚所谓'当家才知柴米价，养儿方晓父母恩'，公道没去处化。"

养儿防老

【释义】 养育儿子为将来老有所靠。

【例句】 鲁迅《两地书》五六："谚云'养儿防老'，不料'厦大'也可防老。"

养子不教父之过

【释义】 对子女管教不严是父母的过失。

【例句】 邵璨《香囊记》四："孩儿，养子不教父之过，训导不严师之惰。自从你父亲亡后，训育之功，都是我一身担了。"

摇旗呐喊

【释义】 比喻替别人助长声势。

【例句】 乔梦符《两世姻缘》三："你这般摇旗呐喊，簸土扬沙，折折磨磨，叫叫喳喳，你这般耀武扬威得怎么？"

摇钱树

【释义】 比喻可以用来获取钱财的人或物。

【例句】 杨沫《青春之歌》："我妈想叫我当摇钱树，她叫我回去，就是为了叫我嫁个阔老，她老依旧享福。"

咬耳朵

【释义】 指说悄悄话。

【例句】 老舍《四世同堂》："他和瑞宣咬了个耳朵，看了看野球的脸色，瑞宣决定陪着他'留步'。"

咬紧牙关

【释义】 形容坚强地忍受痛苦或承受巨大的压力。

【例句】 梁斌《播火记》："受了伤，他咬紧牙关撑下来，没有离开队伍。"

咬牙切齿

【释义】 形容痛恨到极点。切齿：牙齿相切磨。

【例句】 兰陵笑笑生《金瓶梅词话》第四回："来到下处，放了郓哥归家，不觉仰天长叹一声，咬牙切齿，心中骂淫妇不绝。"

药罐子

【释义】 比喻经常生病吃药的人，形容身体极差。

【例句】 沈虹光《美人儿》："老婆是个药罐子。"

要风得风，要雨得雨

【释义】 形容十分娇宠、得势，要什么有什么。

【例句】 清奚道人《禅真后史》十："你看他何等趋承！要风得风，要雨得雨，只除他不开金口。"

要面子

【释义】 指怕损害自己的脸面，让别人瞧不起。

【例句】 金近《春风吹来的童话》："黄气球就是这样要面子，喜欢吹大牛。"

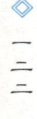

俗

语

叶落归根

【释义】 树叶凋落后又回到树根旁。原为佛家语，指万物都有一定归宿。比喻不忘本源。常指客居他乡的人总要回到自己的故乡。

【例句】 丁玲《太阳照在桑干河上》一二："咱们都有个家，叶落归根，到底离不了暖水屯。"

夜长梦多

【释义】 比喻时间长了，事情容易发生变故。

【例句】 周楫《西湖二集》卷一六："恐怕夜长梦多，走了消息，妹妹翻悔。"

一把钥匙开一把锁

【释义】 比喻不同的问题要用不同的人或方法去解决。

【例句】 高云览《小城春秋》："一把钥匙开一把锁。也许吴坚这把锁，得你这把钥匙才打得开。"

一不做，二不休

【释义】 指要么不做，要做就做到底。

【例句】 安塞《乡中纪事》："这几天，风言风语不断，我看一不做，二不休，你就娶了凤梅吧。"

一步赶不上，步步赶不上

【释义】 形容一步落后了则处处落后。

【例句】 王希坚《雨过天晴》："我他妈走晚了一步，让丘二蚂蚱那小子爬上去了。一步赶不上。步步赶不上，那小子现在蹲在城里找快活，倒叫我枪林弹雨地给他卖命。"

一败涂地

【释义】 形容彻底失败或衰落。

【例句】 毛泽东《新民主主义论》："为什么文化围剿也一败涂地了？这还不可深长思之么？"

一尘不染

【释义】 比喻非常纯洁，丝毫没有沾染坏习气、坏思想。

【例句】 周楫《西湖二集》卷二五："父母梦见一位仙官，骑着一只仙鹤而来入室中，因而怀孕。生来果然仙风道骨，一尘不染。"

一发而不可收

【释义】 形容事情一经发生就难以控制。

【例句】 鲁迅《〈呐喊〉自序》："从此以后，便一发而不可收，每写些小说模样的文章，以敷衍朋友们的嘱托，积久就有了十余篇。"

一朵鲜花插在牛屎上

【释义】 比喻一个如花似玉的美女嫁给一个很不好的男人。

【例句】 杨沫《青春之歌》："可是咱们必须替她扔掉那个绊脚石，一朵鲜花插在牛屎上，真把她糟蹋啦！"

一而再，再而三

【释义】 指一次又一次地接着干。

【例句】 梁启超《意大利建国三杰传》："一而再，再而三，如将军者，将军殆以患难为儿戏也。"

一方水土养一方人

【释义】 一个地方的人靠一个地方的资源为生。也指水土不同，人们的生活习惯也不相同。

【例句】 梁斌《播火记》："李霜泗说：'一方水土养一方人嘛，靠山吃山，靠水吃水。水淀里人，凭着渔鱼解苇维持生活，不靠土地。'"

一帆风顺

【释义】 比喻非常顺利，没有遇到挫折。

【例句】 李宝嘉《官场现形记》第五十四回："一帆风顺的时候，就是出点小岔子，说无事也就无事。"

一个和尚挑水吃，两个和尚抬水吃，三个和尚无水吃

【释义】 比喻人越多，越互相推诿、依赖，越办不成事。

【例句】 鲁迅《书信集》："却不妨卖好货色，编辑要独裁，'一个和尚挑水吃，两个和尚抬水吃，三个和尚无水吃'。"

一个巴掌拍不响

【释义】 比喻一个人吵不成架，单方面的问题引不起矛盾或纠纷，喻势单力孤，办不成事。

【例句】 姚雪垠《李自成》："我来谷城，不是来求你帮助，只是跟你商议商议咱们今后应该如何干。一个巴掌拍不响，两个巴掌就拍得响。"

一个人吃饱了一家不饿

【释义】 指全家就只有一个人，即光棍。

【例句】 程树榛《钢铁巨人》："谁能比你，一个人吃饱了一家不饿，平均一个人六七十块，敢情够花的！"

一箭双雕

【释义】 比喻做一件事能达到两个目的，一举两得。

【例句】 李宝嘉《官场现形记》第十二回："胡统领早存了个得陇望蜀的心思，想慢慢施展他一箭双雕的手段。"

一棵树上吊死

【释义】 比喻死抱住一种行不通的办法不放。

【例句】 郑义《老井》："总不能叫人家黄花妮子在你这一棵一辈子永不开花的歪脖子枣树上吊死吧？"

一个篱笆三个桩，一个好汉三个帮

【释义】 比喻人需要别人的帮助和扶持。

【例句】 刘一舟《飞云碎影》："俗话讲，一个篱笆三个桩，一个好汉三个帮。浑身是铁能打几个钉，缺了朋友办不成事。"

一盘散沙

【释义】 比喻人心涣散，不团结。

【例句】 峻青《秋色赋》："那时候，人们像一盘散沙，甚至'夫妻本是同林鸟，大难到来各自飞'。"

一日为师，终身为父

【释义】 即使只当过自己一天的老师，也应当受到自己一辈子的尊敬。

【例句】 吴有恒《山乡风云录》："一日为师，终身为父，我一生也忘不了师父的恩典！"

一回生，二回熟

【释义】 指第一次与别人见面感到生疏，第二次再见就熟识了。又指工作是逐渐熟悉的。

【例句】 杜鹏程《保卫延安》二章二："一回相见二回熟，见一面就算老朋友。"

一石激起千层浪

【释义】 比喻某个人或某件事引起极大的反响。

【例句】 罗旋《南国烽烟》："一石激起千层浪，何莽这个来去一阵风的人物，一下激起了游击队内部两种思想的对立。"

一家人不说两家话

【释义】 指自己人不要客气，不要见外。

【例句】 知侠《铁道游击队》五章："别说了！一家人不说两家话。你粗里没吃的，我分的这一份钱，放在手里没用，我心里能过得去么？"

一嘴难压众口，双拳不敌四手

【释义】 比喻一个人辩不过多数人，寡不敌众。

【例句】 郭明伦、张重天《冀鲁春秋》：申宝斋没有勇气接触周斌的严正目光，悻悻地说："一嘴难压众口，双拳不敌四手。你们把我推在了被告席上，我还能有什么话说！"

一吐为快

【释义】 说出要说的话后感到十分畅快。

【例句】 谌容《真真假假》："仿佛全是他积郁在胸中多时的由衷之言，今日终于得以一吐为快。"

一物降一物

【释义】 指每种事物都有另一种事物能制伏它。降：降伏。

【例句】 老舍《方珍珠》一幕："我不用管？一物降一物，非我管教不了他！"

一年之计在于春，一日之计在于晨

【释义】 一年的事情要在年初安排好，一天的事情要在早晨安排好。比喻无论做什么事都应早有计划。也指做事要抓紧时间，及早动手。

【例句】 冯德英《苦菜花》："'一年之计在于春，一日之计在于晨'，如果在这时耽误了过去一分钟，那末会顶平常的一天甚至更多的时间。"

一山不藏二虎

【释义】 比喻一个地方不能同时容纳两个互不相容的人。"不藏"又作"不能存"。

【例句】 欧阳山《三家巷》："只有一桩，他跟展公有点一山不藏二虎的味道，这是他太狂妄。"

一日夫妻百日恩

【释义】 一旦结为夫妻，就会有经久不衰的深厚感情。

【例句】 《济公全传》二〇："人家待你这么好，一夜夫妻百夜恩，你为何不回去呢？"

一失足成千古恨

【释义】 比喻因一时不慎而酿成大错，会造成终生遗憾。

【例句】 张笑天《永宁碑》："希拉罕打了个寒战。自古有言：一失足成千古恨。希拉罕虽然清楚地意识到自己泥足深陷的厄运，可是又没有回天之力。"

以眼还眼，以牙还牙

【释义】 比喻对方用什么方式进攻，自己就用什么方式还击，针锋相对。

【例句】 鲁迅《坟》："'犯而不校'是恕道，'以眼还眼以牙还牙'是直道。中国最多的却是枉道：不打落水狗，反被狗咬了。"

以小人之心，度君子之腹

【释义】 用小人卑劣的想法去揣测道德品行高尚的人的心意。度：揣测。

【例句】 赵树理《卖烟叶》："以小人之心，度君子之腹是不对的，不过我们过去犯的错误恰巧和这相反。"

英雄气短，儿女情长

【释义】 指英雄人物失去奋发有为的气概，而对男女之间的缠绵情意却深沉。

【例句】 《施公案》二六二回："张七见这光景，也不免依依不舍，终究是英雄气短，儿女情长，只得忍着泪，送至山下。"

英雄所见略同

【释义】 杰出人物的见解大体相近，常用以赞美意见相同的双方。

【例句】 《活地狱》二〇回："我已早为打算过了。不料东翁所谓，亦是如此，可以算做英雄所见略同。"

英雄无用武之地

【释义】 指有才能的人都没有发挥能力的地方。

【例句】 老舍《西望长安》三幕："本来是嘛，他是个英雄，英雄无所用武怎能不着急呢？"

有福同享，有难同当

【释义】 有福分大家分享，有灾难共同担当。

【例句】 袁静《淮上人家》："咱们有福同享，有难同当，大家能不能坚持一两天呢？"

有其父必有其子

【释义】 指有什么样的父亲就有什么样的儿子，指父亲对儿子有很大的影响。

【例句】 罗懋登《三宝太监下西洋记》第二十回："有其父必有其子。就只好差得几厘儿。"

有情人终成眷属

【释义】 真心相爱的恋人终究结成了夫妻。

【例句】 司马文森《风雨桐江》："不说伯母操心，我们做同志的哪个不希望他们也能有情人终成眷属。"

有缘千里来相会，无缘对面不相逢

【释义】 有缘分的人，即使相距遥远，也有会面的一天；而无缘的人，即使面对面也会失去相识的机会。指人能否遇合，靠的是缘分（多指男女婚姻）。

【例句】 张恨水《金粉世家》："有了缘，随便怎样疏远，都会亲密起来的。所以人常说有缘千里来相会，无缘对面不相逢。"

有志者，事竟成

【释义】 有志向的人，事业终究会成功。

【例句】 巴金《家》："我平日相信'有志者，事竟成'的话。你该记得我们从前要进学堂，爷爷起初不是极端反对吗？后来到底我们胜利了。"

冤有头，债有主

【释义】 冤仇有结冤者，债务有借债人。比喻出了问题，要由主要负责人承担责任。

【例句】 《曹禺选集》："谁叫你跟他们说好话？冤有头，债有主，我自己没求过他们，要你去求？"

远亲不如近邻

【释义】 远地的亲戚难以互相照顾，邻居却可以有事相帮。

【例句】 《水浒传》第二十四回："你明日倘或再去做时，带了些钱在身边，也买些酒食与他回礼。常言道：远亲不如近邻，休要失了人情。"

Z

砸饭碗
【释义】 比喻失业。

【例句】 马烽《刘胡兰传》："斗争好说呀，可是弄不好砸饭锅，我一家人喝西北风吗？"

宰相肚里能撑船
【释义】 宰相：古代辅助君主掌管国家大事的最高官员的通称。指宰相气量大，心胸宽广。比喻人宽宏大量。

【例句】 李晓明等《平原枪声》三五："我知道是杨百顺告我的，不过我不和他一般见识，决不计较，中国有句谚语，宰相肚里能撑船。"

在家靠父母，出门靠朋友
【释义】 在家里依靠父母，出门在外依靠朋友的帮助。旧时走江湖人的套话。

【例句】 西玲《奔》："张大哥！你找好了生意，可别丢开我，在家靠父母，出家靠朋友，我是靠在你身上的了。"

在人屋檐下，焉能不低头
【释义】 比喻既已受制于人，只好忍辱负重、俯首听命。焉：怎么，哪里。

【例句】 李晓明等《破晓记》二六："长鼻子不服气，说：'在人屋檐下，焉能不低头。大丈夫能伸能屈，现在只有这权宜之计。'"

在天愿做比翼鸟，在地愿为连理枝
【释义】 指相爱的人感情深厚，生死相随。

【例句】 曹雪芹《红楼梦》："我不能自主，倘有一线可图，我同姐姐在天愿做比翼鸟，在地愿为连理枝。"

早知今日，何必当初

【释义】 早知道有今天的结果，何必当初去做呢。指后悔莫及。

【例句】 巴金《秋·尾声》："她这次回来还出城到四妹坟前去看了一次，谈话中也常提到车妹，真是早知今日，何必当初！"

站着说话不腰疼

【释义】 比喻站在一旁说风凉话。

【例句】 胡正《汾水长流》："给他成过家，让他担上事，他就知道当家过光景的艰难了，就不会站着说话不腰疼，单让自己操碎心了。"

站得高，看得远

【释义】 比喻看问题能从较高的层次出发，目光远大。

【例句】 李英儒《野火春风斗古城》："首长们分析问题的最大特点是，站得高，看得远。"

张冠李戴

【释义】 姓张的帽子戴在姓李的头上，比喻弄错了对象。冠：帽子。

【例句】 孙承泽《天府广记》卷三十二引崇祯十一年谕："甚至张冠李戴，增少为多，或久禁暗处，或苦打屈服。"

张家长，李家短

【释义】 说东道西，漫无边际地议论这家或那家的琐事。

【例句】 丁玲《丁玲戏剧集·序》："他陪我舅妈打牌、谈天，讲一些张家长，李家短。"

长别人志气，灭自己威风

【释义】 指高估对方的力量，低估己方的力量，助长他人而轻视自己。

【例句】 《水浒传》第二回："你两个闭了鸟嘴：长别人志气，灭自己威风！他只是一个人，须不三头六臂？"

丈二和尚摸不着头脑

【释义】 比喻不知道底细或缘由。

【例句】 袁静《淮上人家》："黑子闹了个丈二和尚摸不着头脑。"

真金不怕火炼

【释义】 比喻真理经得住检验，或意志坚强、正直无私的人能经得起任何考验。

【例句】 刘江《太行风云》："真金不怕火炼，好媳妇不怕人看。咱一家光明正大，没做过半点丢人败兴的事。"

真人不露相，露相不真人

【释义】 指有才能有本事的人，并不炫耀自己；好炫耀自己的人，往往不具有真本领。

【例句】 《红楼梦》第一百一十七回："心里想道：'自古说真人不露相，露相不真人，也不可当面错过，我且应了他谢银，并探探他的口气。'"

睁一只眼，闭一只眼

【释义】 指看见装作没看见，有意敷衍了事。也指表面糊涂，心中有数。

【例句】 马烽等《吕梁英雄传》一五回："谁家锅底没有黑？这种年月，睁一只眼，闭一只眼就对了！"

只可意会，不可言传

【释义】 只能去想像体会，却不能用语言表达。

【例句】 康式昭《大学春秋》："重要的是要大家自己去感受、去想像，所谓只可意会，不可言传。"

只许州官放火，不许百姓点灯

【释义】 比喻自己可以为所欲为，却要限制别人的正当活动。

【例句】 周而复《上海的早晨》："只许州官放火，不许百姓点灯。我们年纪大的人，应该让年轻人开玩笑吗？"

只要功夫深，铁杵磨成针

【释义】 比喻只要肯下功夫，持之一恒，再难的事情也能成功。

【例句】 姜树茂《渔岛怒潮》："俗话说：'只要功夫深，铁杵磨成针'，你年纪轻轻的，路子长着哪。"

纸包不住火

【释义】 比喻事情真相隐瞒不住，终有一天会暴露出来

【例句】 路亚《一路欢歌》："俗话说，纸包不住火，你是不是以为那见不得人的事没人知道？"

指桑骂槐

【释义】 比喻表面上骂这个，实际是骂那个。

【例句】 曹雪芹《红楼梦》第十六回："错一点他们就笑话打趣，偏一点儿他们就'指桑骂槐'的抱怨。"

智者千虑，必有一失

【释义】 比喻再聪明再有才智的人也可能出现失误。

【例句】 欧阳山《柳暗花明》："舅台，不管怎么样，你是一个智者。智者千虑，必有一失嘛，你这就算第一次的失算了。"

置之死地而后生

【释义】 指把人放在不拼死作战就会灭亡的境地，才能激发人拼死决战，英勇杀敌，求得生存。

【例句】 马昭《草堂春秋》："我将士必然上下一心拼死力敌，哈哈！这也是用兵之妙，曰置之死地而后生也！"

种瓜得瓜，种豆得豆

【释义】 比喻因果报应关系。后比喻做什么事就会得到什么结果。

【例句】 巴金《谈〈憩园〉》："我对他的死毫不惋惜，我觉得这是他自己挑选的路，也是他父亲替他挑选的路。种什么瓜，得什么豆，这是公平的事。"

众人一条心，黄土变成金

【释义】 比喻大家团结一致，就能创造奇迹。

【例句】 陈立德《前驱》："他只是苦苦地思索着刚才那些话。头一条倒还好懂：众人一条心，黄土变成金。"

周瑜打黄盖—— 一个愿打，一个愿挨

【释义】 比喻当事人为了达到某种目的，情愿做出暂时吃亏的事情来。

【例句】 张行《武陵山下》："这是周瑜打黄盖———一愿打，一个愿挨，又不犯法，你怕什么？"

猪八戒倒打一钉耙

【释义】 比喻自己做错了事，反指责别人。

【例句】 冯德英《迎春花》："你真是猪八戒倒打一钉耙，话头不是你引起的吗？"

猪八戒照镜子，里外不是人

【释义】 指做事两面不讨好，到处都受人埋怨。

【例句】 老舍《离婚》："孙先生也没敢宣传生育节制的实验法，只乘着机会练习了些北平俗语，如'猪八戒照镜子，里外不是人'之类。"

竹篮打水一场空

【释义】 比喻白费力气，劳而无功

【例句】 老舍《鼓书艺人》："她尝够了这场爱情的苦头，真是竹篮打水一场空。"

捉贼捉赃，捉奸捉双

【释义】 比喻处理问题必须要有真凭实据。

【例句】 刘波泳《秦川儿女》："决定既是依据'奸情'作出的，那么捉贼捉赃，捉奸捉双，希望校长能够说明一下'双'是在什么时候捉住的？谁捉住的？"

走后门

【释义】 比喻借助私人关系办事情。

【例句】 丁玲《文学创作的准备》："下去的人，就不会安心，就托关系走后门。"

走弯路

【释义】 比喻在实践中由于犯错误、受挫折，或因方向不明、方法不当等原因而延误了进程。

【例句】 丁玲《要为人民服务得更好》："我们有许多年轻的同志走弯路，一方面是由于自己的立场不稳。"

走下坡路

【释义】 比喻退一步或走向没落衰败。

【例句】 老舍《鼓书艺人》一二："就是有股子倔劲儿。这样你就永远不会走下坡路。"

众人拾柴火焰高

【释义】 形容人多力量大。

【例句】 雪克《战斗的青春》第四章四："俗话说得好，众人拾柴火焰高，大家起来斗争就有办法。我们要爱护人们的斗争热情。他们打击了敌人，为什么不应该爱护呢？"

自古红颜多薄命

【释义】 自古以来，美女都遭遇不幸的命运。

【例句】 冯梦龙《醒世恒言》卷三："美娘赤了脚，寸步难行，思想……自古红颜多薄命，亦未必如我之甚！"

钻空子

【释义】 比喻利用某些漏洞乘机活动。空子：漏洞。

【例句】 丁玲《我读〈洗礼〉》："我们自己没有搞好，犯了大错误，长期没有纠正，使坏人钻空子。"

钻牛角尖

【释义】 比喻固执地去解决无法解决的问，或执着地去研究一个不值得研究的问题。

【例句】 吴强《红日》："不管是什么主义吧。考虑问题总得各个方面都考虑考虑，不能钻牛角尖里去。"

醉翁之意不在酒

【释义】 比喻别有用心。语出欧阳修《醉翁亭记》。

【例句】 赵云声、李政《少帅传奇》："看上去他很是悠闲自得，可仔细端详，就可从他那流动的眼神中发现，他并没有沉湎于这声色之乐，而是醉翁之意不在酒，好像另有心事。"

坐冷板凳

【释义】 比喻处于无权无势的闲职或受到冷淡的待遇。

【例句】 茅盾《子夜》："王和甫不见面，周仲伟虽然好耐性，却也感到坐冷板凳的滋味了。"

坐山观虎斗

【释义】 比喻坐观双方争斗，以便伺机从中取利。

【例句】 《红楼梦》第六十九回："凤姐虽恨秋桐，且喜借他先可发脱二姐，用'借刀杀人'之法，'坐山观虎斗'，等秋桐杀了尤二姐，自己再杀秋桐。"

做一日和尚撞一日钟

【释义】 比喻工作消极应付，得过且过，打发日子。

【例句】 吴承恩《西游记》第十六回："行者方丢了钟杵，笑道；'你那里晓得！我这是做一日和尚撞一日钟的。'"